教学与学习的科学

每位教师都应知道的56项教育研究成果

图 解

[英]

布拉德利·布什 Bradley Busch

爱德华·沃森 Edward Watson

卢德米拉·博加特切克 Ludmila Bogatchek

著

The Big Ideas, Illustrated

TEACHING & LEARNING ILLUMINATED

中国青年出版社

图书在版编目（CIP）数据

教学与学习的科学：每位教师都应知道的56项教育研究成果 / (英) 布拉德利·布什, (英) 爱德华·沃森, (英) 卢德米拉·博加特切克著；池明烨译. -- 北京：中国青年出版社, 2025. 4. -- ISBN 978-7-5153-7139-9

Ⅰ. G420

中国国家版本馆CIP数据核字第2025VF2969号

教学与学习的科学：每位教师都应知道的56项教育研究成果

作　　者：［英］布拉德利·布什　爱德华·沃森　卢德米拉·博加特切克
译　　者：池明烨
责任编辑：肖妩嫔
文字编辑：张祎琳
美术编辑：杜雨萃
出　　版：中国青年出版社
发　　行：北京中青文文化传媒有限公司
电　　话：010-65511272 / 65516873
公司网址：www.cyb.com.cn
购书网址：zqwts.tmall.com
印　　刷：北京博海升彩色印刷有限公司
版　　次：2025年4月第1版
印　　次：2025年4月第1次印刷
开　　本：880mm × 1230mm　1 / 32
字　　数：78千字
印　　张：4.5
京权图字：01-2023-5960
书　　号：ISBN 978-7-5153-7139-9
定　　价：59.90元

目　录

CONTENTS

将教学与学习的研究成果可视化

教学与学习是一个错综复杂的领域，教育领域的几乎每一个大问题，至少都有人做过部分研究。我们可以从这些研究中挖掘到宝藏，为学生带来极大的帮助。但原创研究繁难艰深，如果通俗化，又可能会过于简单化，曲解了原创研究的原意。那么，我们要怎样搭建学术研究与普通读者之间的桥梁呢？

本书通过清晰美观的图片，让读者轻松了解从大量研究成果中提炼的原则。确实，正如数据记者兼信息设计师大卫·麦坎德利斯所说："通过信息可视化，我们可以把信息转化为一道风景，让你用眼睛去探索。这就像一幅信息地图。你迷失在信息之中时，信息地图可以为你指引方向。"

为此，本书在教学与学习最重要、最基本的方面，以图文并茂的方式展示了大量研究成果、理念、概念和应用。这些方面包括提取练习、间隔学习、交错学习、认知负荷理论、认知科学、罗森夏因教学原则、反馈、心理弹性、动机、元认知等，不一而足。

我们看了数百份同行评审的研究，花了数千个小时，努力在视觉上更好地呈现这些研究的精髓。本书遵循一个简单的格式：每个概念都占了双页版面，左页是图片，右页是说明文字。我们把教育学和心理学领域绝妙而又深入的重要研究成果与精美的插图结合起来，希望这本书可以为你的教学带来切实的积极改变。

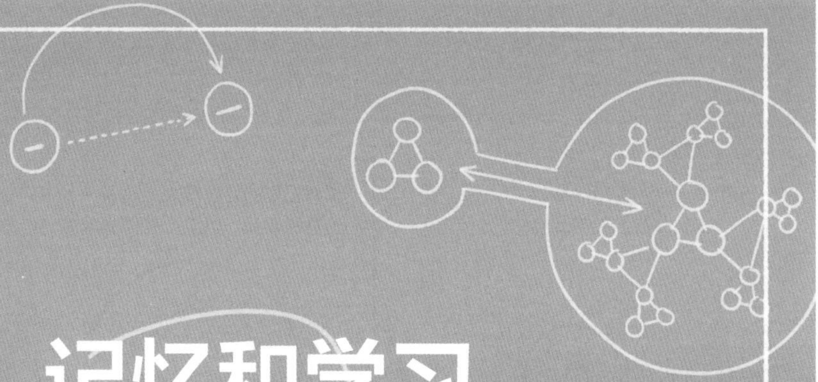

记忆和学习

教师要了解学生是怎样学习的，才能有效地教学。

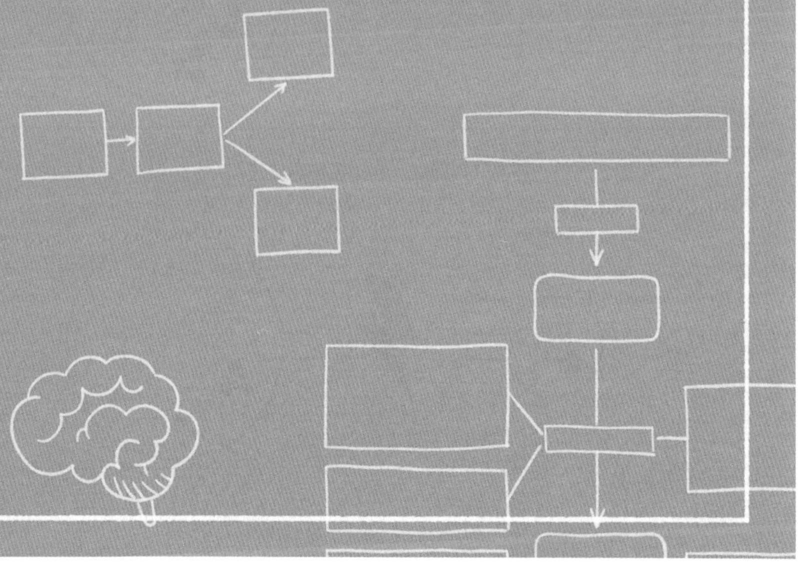

工作记忆和长时记忆

插图：@Inner_Drive | innerdrive.co.uk

工作记忆的容量很小

这意味着我们很快就会忘记新信息。

长时记忆的容量很大

这意味着我们可以记住很多年前的信息。

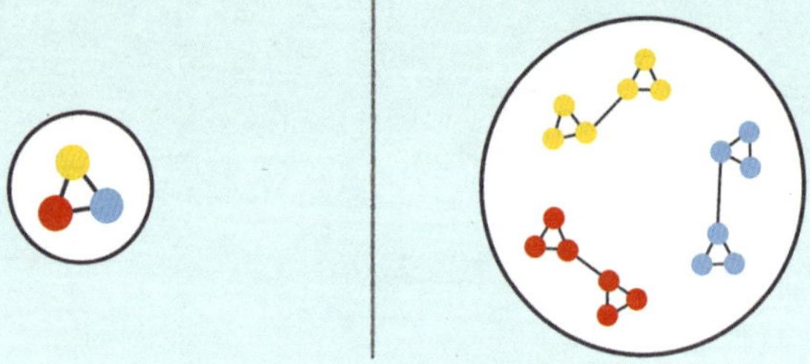

在工作记忆和长时记忆之间传递信息，是学习的关键

为此，我们可以采取多项策略，例如提取练习。

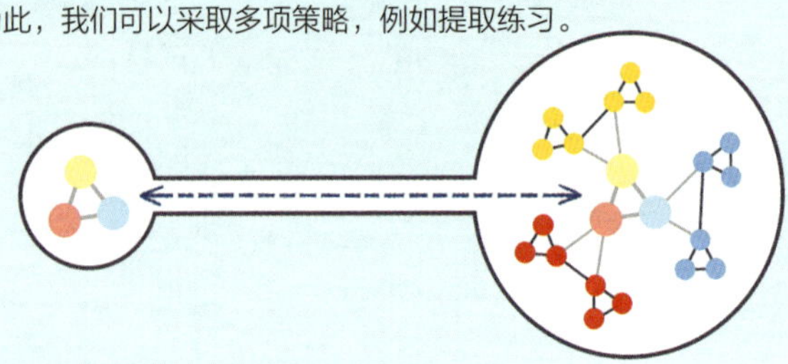

遗憾的是，要是认知超载，会阻碍信息传递

通过缓解冗余效应、注意力分散效应和瞬态信息效应，可以减少认知超载。

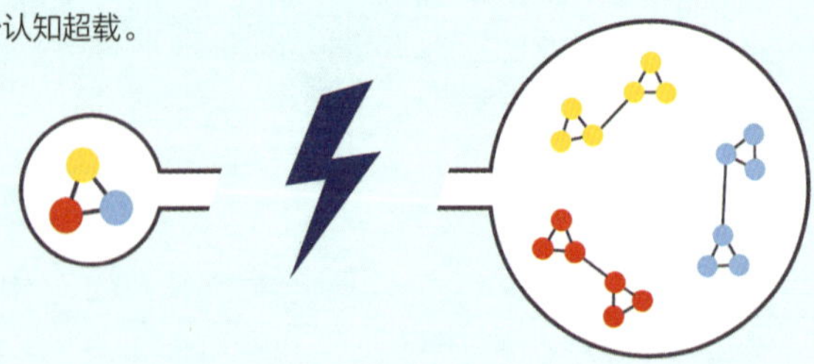

工作记忆和长时记忆

学习的基本原则，建基于工作记忆与长时记忆之间的关系。工作记忆是加工新信息的地方。可惜，它的容量很小、很有限，很容易就会应接不暇。于是，学生很快就会忘记信息。为了证明工作记忆的容量有多小，我们来做一个小实验吧。现在，请不要看封面，你还记得作者的姓氏吗？你拿起这本书时，明明看到过这个信息，现在才没过多久。可是，大多数人已经不能百分百准确地回想起来了。

不过，长时记忆的容量很大。事实上，究竟有多大，我们大概无法准确地量化。想要体会一下，我们可以再做一个小实验。你还记得小时候最爱看哪个电视节目吗？还记得十几岁时，哪首歌最流行吗？这些信息已经储存到长时记忆中，几十年过去了，你还是可以从大脑中提取出来。

工作记忆与长时记忆之间存在双向关系。要是长时记忆中形成了丰富的图式，我们就可以在工作记忆中腾出空间。这有助于我们推断在现有的知识结构中，要把新信息放在什么位置。

学生不一定会把信息从工作记忆转化为长时记忆。这样的转化之所以重要，是出于两个原因。首先，这样转化了之后，我们才能确信，学生真正掌握了“深度知识”，这样的学习才有意义。其次，学生在长时记忆中有了丰富的知识储备，才能利用工作记忆，以全新的创新方式操纵信息，这样一来，才能发挥创意，锐意创新。

知识和意识

插图：@Inner_Drive | innerdrive.co.uk

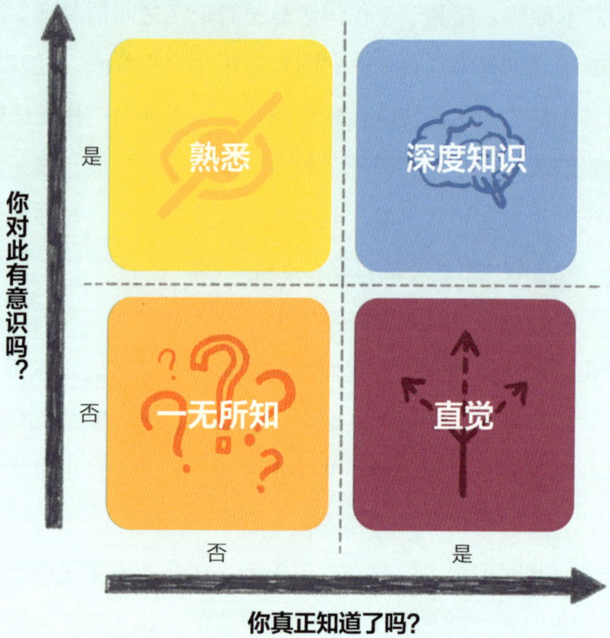

熟悉
你略知一二，但了解不深，所以会产生熟悉感，过度自信。

深度知识
信息储存在你的长时记忆中。有需要时，你可以轻松回忆起来。

一无所知
你对此一窍不通，不仅不知道答案，连问题都没弄懂。

直觉
你为什么觉得是X，而不是Y，或许很难说明白，但你觉得自己知道正确答案。

知识和意识

要对某样事物形成具体的“深度知识”，需要些什么？

教学的其中一个目的，是让学生从左边的方框进入右上角的方框。学生第一次接触一个内容主题时，要学的信息可能与自己现有的知识相去甚远，无法建立有意义的联系。教师把某个主题的信息告诉学生，学生对这个主题的意识就会有所提升，从左下角的方框进入左上角的方框。

可是，光是对某个主题有意识，是不够的。要是学生把意识当成“深度知识”，就会过度自信。学生看到某一信息，觉得“好了，知道了”，就很容易高估自己日后还会记得的可能性。这样一来，他们很容易形成盲点，以为自己记住了，就不用再复习了。部分出于这样的原因，要是学生光是重读笔记或标记重点，这样的方法是相对无效的，也很有问题。

要是学生对某个主题有意识，也真正掌握了深入的知识，我们就可以说，他们掌握了“深度知识”。为了把信息传递到右上角的方框，我们需要运用有效的学习策略（例如提取练习和间隔学习）。而教师要评估学生是否掌握并记得更多知识，可能不是容易的事。毕竟，随着时间的流逝，记忆也会改变和消退。那么，我们要怎样判断呢？要看学生能否回忆起某一信息，用自己的话来解释，详细阐述，在不同的情境中灵活应用。这种能力还要经过时间的考验，学生才算是掌握了“深度知识”。

成功率最高的学习方法

插图：@Inner_Drive | innerdrive.co.uk

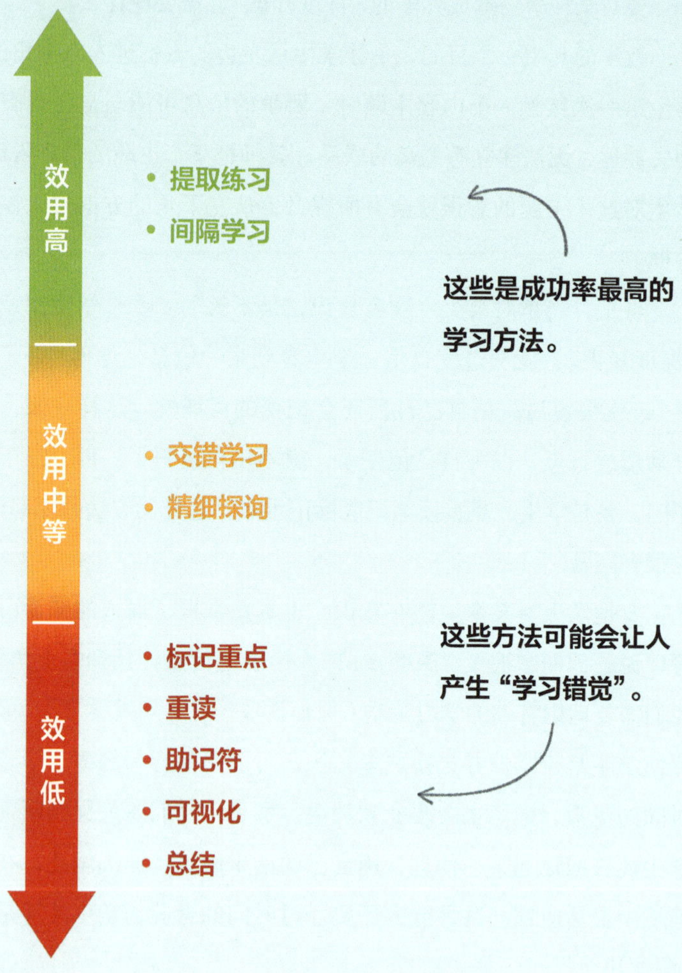

参考文献：*Dunlosky et al, 2013*

成功率最高的学习方法

要改善记忆和学习，究竟什么方法才是有效的，对于这个问题，我们会不会有百分百确定的答案呢？千百年来，从业者和研究人员一直想要回答这个问题。或许问这个问题，是问错了。或许我们应该想的是，什么才是“成功率最高的方法”，“一般指引”是什么。这样的话，我们就可以考虑到理论的微妙之处，具体情况具体分析，日后随着更多研究成果出炉，也可能会改变想法。

认知科学研究得出的普遍共识是，提取练习和间隔学习是成功率最高的方法。所谓“提取练习”，是指刻意回忆信息，这通常是通过提问的形式进行的。所谓“间隔学习”，是指定期复习。由于学生遗忘的速度其实比大多数人意识到的更快，间隔学习是很重要的。

如果这些是“成功率最高的方法”，那么，哪些方法成功率较低呢？哪些学习策略通常效果最差呢？不幸的是，效果最差的方法，往往也是学生最爱用的：重读笔记和标记重点。这两种学习策略的问题在于，可以在“自动驾驶模式”中进行。一整节一整节的内容，很容易就略读过去了。学生也可能根本不动脑，漫无目的地在学习材料上画线。对此，一般人会产生“学习错觉”。要是单凭学生看了多少页，在多少章节上画了重点，去衡量学生学了多少内容，就可能会给人错误的印象，也让学生对自己掌握的知识产生盲点。

教育工作者要帮助学生尽量提升学习效果，光是自己知道这一点还不够。要让学生长期、持久地改变学习行为，教师必须明确地向学生传授有效的学习策略，让学生知道怎样才能掌握“深度知识”。

我们是如何学习的：4个与直觉相反的概念

作者：萨拉·科廷厄姆 | 插图：@Inner_Drive | innerdrive.co.uk

1. 想要加强专业知识，不要模仿专家的做法

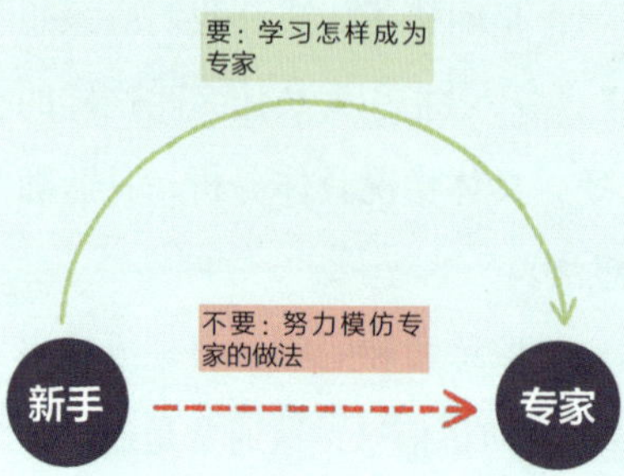

……所以，教师要运用示范(modelling)和搭建脚手架(scaffolding)等方法，分组块构建学生对具体领域的知识。

2. 你教的不等于学生学到的

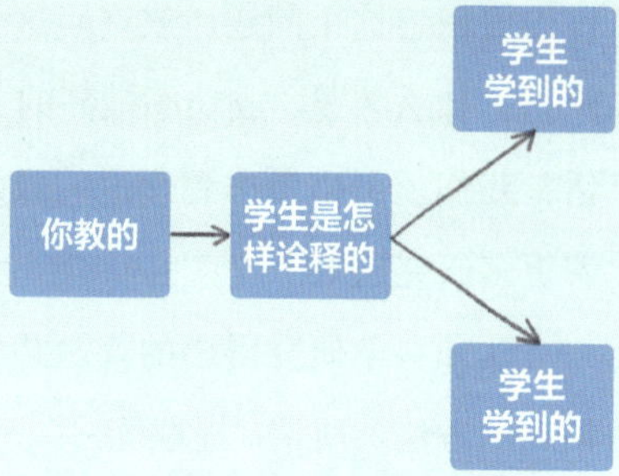

……所以，教师要经常检查学生的理解情况，把新材料与学生已经掌握的知识联系起来，给全班同学讲解容易误解的地方。

3. 学生成绩不等于学习情况

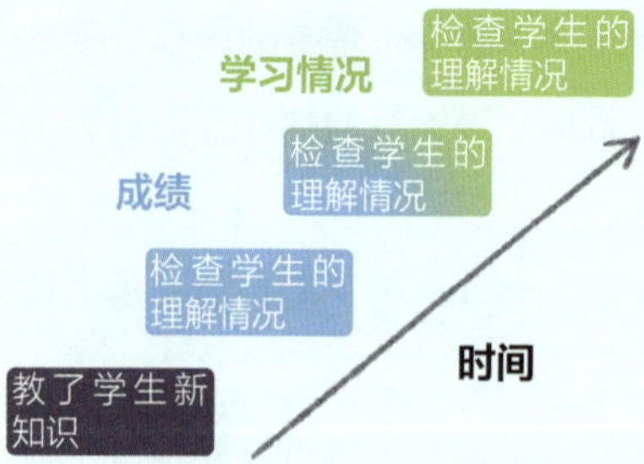

……所以，教师要运用提取练习、间隔学习和交错学习等方法，长期检查学生的学习情况。

4. 技能是在具体领域知识的基础上培养出来的

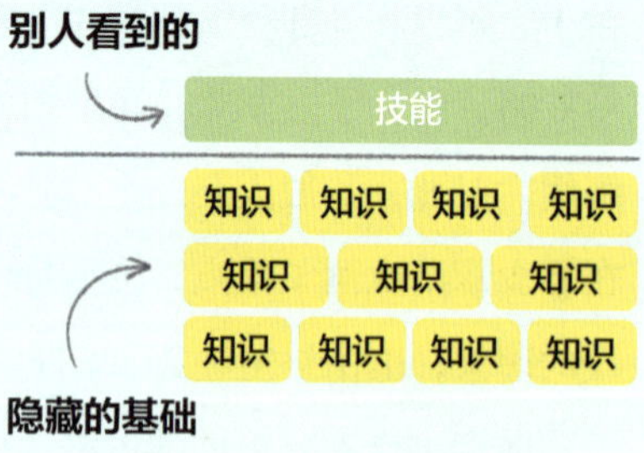

……所以，教师不要泛泛而谈地传授批判性思维，而要让学生积累知识，活学活用。

我们是如何学习的：4个与直觉相反的概念

问题来了：学习是在学生的大脑里发生的。我们看不见、摸不着，只能根据学生所说所做进行推断。要是教师弄错了学生的学习情况，教学方法也会一并出错。

我们可不可以拿学习的最终目标做样板，让学生依样画葫芦呢？这不失为诱人的想法。这意味着描述某个学科的"专家"是怎么做的，然后给学生布置任务，让学生模仿专家的做法。如果最终目标是"学生可以跨主题迁移知识，在考试中回答问题，日后还能运用这些知识"，那么，他们为了掌握知识所需要做的任务并不是跟考试问题一样的，至少一开始不是。

同样，学生从你说的话中诠释出什么含义，是由你说的话（至少是学生留意到的部分）和学生已经掌握的相关知识综合决定的。每个学生用了哪些知识来理解你说的话，至少会有一点不一样。这也就意味着，每个学生所诠释的含义也都至少会有一点不一样。换言之，你向学生解释了新信息之后，面前30个学生会有30种不同的理解。

由于学生学到的并不是你实际上教的内容，而是他们对你所教内容的诠释，因而，你必须经常检查学生的理解情况。唯有如此，你才能避免光看浮于表面的"成绩"，而去准确深入评估学生长期的学习情况。

这种长期的知识为培养技能奠定了基础。通过在具体的领域让学生积累丰富的知识，我们可以让学生练习怎样运用和评估知识。也就是说，我们练习运用知识的过程，就是培养技能的过程。两者是密不可分的。

备注：本页内容最早见于萨拉·科廷厄姆为我们撰写的博客文章。

学习的瓶颈和陷阱

创作者：周（Chew）教授 | 插图：@Inner_Drive

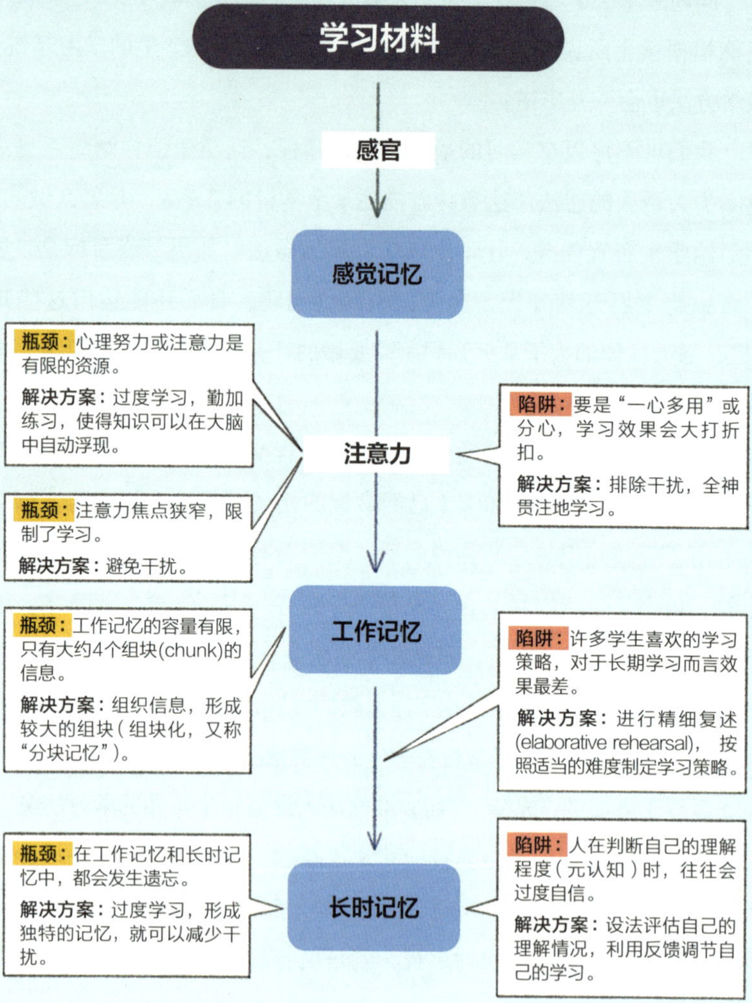

参考文献：*Chew, 2021*

学习的瓶颈和陷阱

这幅图最早是桑福德大学（Samford University）心理学教授史蒂芬·周（Stephen Chew）设计的，载于《学习的瓶颈和陷阱》（*Chokepoints and Pitfalls in Studying*）这篇研究论文中。文中，他精妙地突出介绍了学生在学习新信息时所面临的许多障碍。为此，他把这些障碍分为两类：瓶颈和陷阱。两者彼此相关，又各具特点。

所谓“瓶颈”，是指人的认知架构中天然存在的局限性。例如，这包括我们难以长时间高度集中注意力，工作记忆的容量有限，把信息从工作记忆转化为长时记忆有多么困难，等等。

而所谓“陷阱”，则是指学生对学习过程是如何运作的错误看法。例如，他们以为自己可以有效地“一心多用”，又或者过度自信，以为自己可以长时间记住某些信息。此外，他们喜欢的学习方法，实际上并不是最有效的。

了解了这些瓶颈和陷阱，我们就可以更好地备课，找到学生容易产生误解、困惑或容易忘记的地方。例如，我们知道了学生容易高估自己日后还会记住多少内容，就可以留出复习时间。同样，一旦我们充分认识到“一心多用”其实是一个陷阱，就可以设法排除潜在干扰。这很可能是我们为了帮助学生管理认知负荷所迈出的第一步。

这份清单并不是详尽无遗的。毫无疑问，还有其他瓶颈和陷阱没有列出来。这可能包括动机和情绪在学习过程中所扮演的角色。不过，我们从这些角度去思考，就可以因应学生的大脑采取更有效的教学方法。

提取练习

为什么提取练习是卓有成效的学习策略，
如何善加利用。

提取练习的好处

插图：@Inner_Drive | innerdrive.co.uk

1. 让学生查漏补缺，发现知识短板

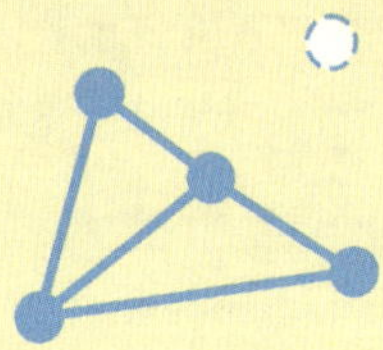

2. 建立联系

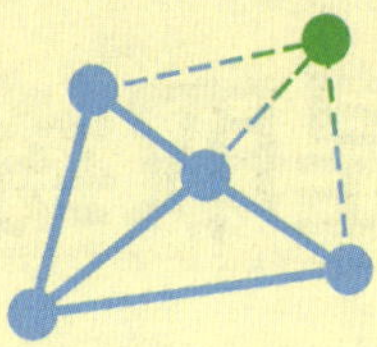

3. 检查学生的理解是否有误

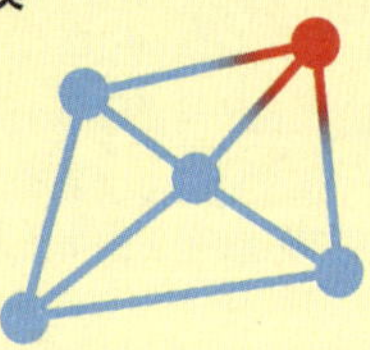

4. 加强联系

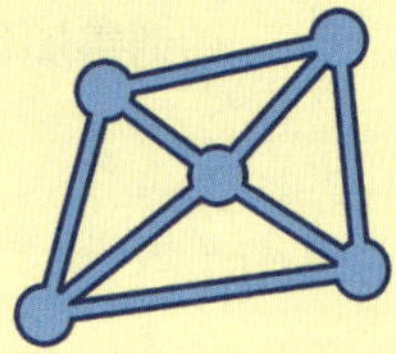

5. 确保学生面对压力时，这些联系依然牢固

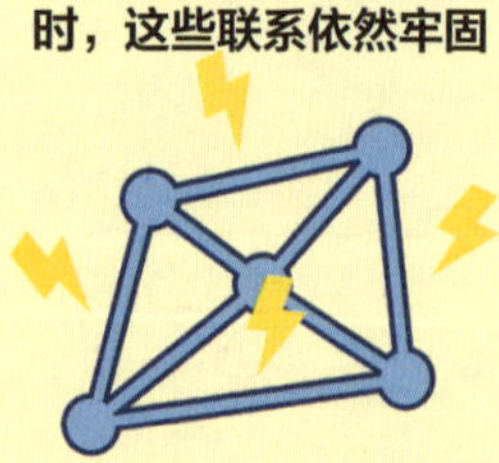

6. 让学生更容易学习新材料

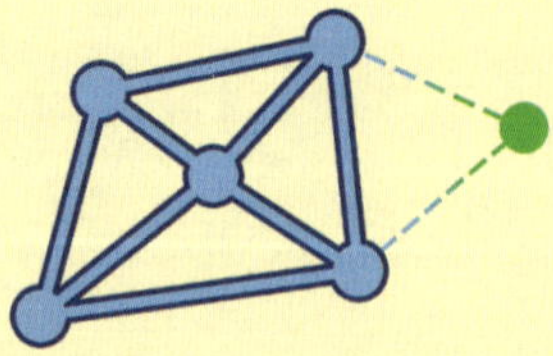

提取练习的好处

提取练习形式多样，包括低风险测验、选择题测验、抽认卡、迷你白板、过去的试卷，甚至是口头问答，等等。数十年的研究显示，提取练习很有效。可是，背后的原理是怎样的呢?

首先，提取练习可以让学生查漏补缺，发现知识短板。如果学生无法成功提取信息，就知道自己有哪些知识还没有掌握。

其次，提取练习是一项认知要求高的任务，因此，可以帮助学生建立联系。这有助于学生把信息储存到长时记忆中，并加以巩固。这个过程既能巩固记忆，又能在各种想法之间建立联系，有助于学生建立丰富的知识图式。

可惜，记忆并不是一劳永逸的。大脑会不断地进行编辑和神经重塑，久而久之，学生可能会产生误解。经常做提取练习，有助于防范误解的产生。记忆除了编辑之外，也会消退。光是做一轮提取练习，并不足以长期巩固记忆。我们要长时间运用许多不同的提取练习策略，加强现有的联系。

我们感觉有压力时，注意力焦点会变窄，更难以记住和回忆信息。因此，有时考试压力会让学生成绩下滑。但有证据表明，学生运用提取练习来学习，就会制造出缓冲空间。也就是说，在最重要的关头，他们更容易回想起关键信息。

最后，提取练习有助于记忆。有证据表明，我们掌握了越多知识，就越容易学习新信息。本质上，我们就有了更多锚定点，可以把新信息“拴”在这些锚定点上。而要在长时记忆中巩固信息，提取练习是十分有效的方式。提取练习可以为未来的学习奠定坚实的基础。

学生对提取练习有何感受

插图：@Inner_Drive | innerdrive.co.uk

做了提取练习之后，学生的焦虑程度是 有所下降、保持不变 还是 有所上升？

参考文献：*Agarwal et al, JARMAC, 2014 / @retrievelearn*

学生对提取练习有何感受

多项研究显示，提取练习有助于学习。或许很多人会因此以为，学生会经常选择做这样的练习。可是，学生与提取练习之间的关系并没有那么简单。

提取练习卓有成效，但这并不是大多数学生首选的学习方法。多项研究得出的证据表明，让学生自己选择的话，他们更喜欢重读笔记。这是因为重读笔记这种方法安全、舒适，不会迫使学生承认自己掌握了哪些知识，哪些知识还没掌握。在短期内，他们的自尊不会受到伤害。但坏处在于，这也会让他们产生一种虚假信心，以为自己掌握的知识比实际上更多。

在左页图所基于的研究中，研究人员让学生在备考时做提取练习，然后问学生有何感受。从研究结果可见，虽然学生未必会凭直觉主动选择做提取练习，可是，只要让他们这样去做了，绝大多数学生都会感觉好多了。由此可见，教师不要光告诉学生提取练习有什么好处（不过，这样做大概也有一点用处）；要说服学生，最好的方法是让他们去做。做了以后，学生就会亲身体会到提取练习的好处。

无可否认的是，学生会对提取练习感到不适，至少一开始是这样。这件事比较费脑筋，旨在让学生发现自己的知识短板。这也就难怪，学生在独立学习时，往往不会主动选择这个方法了。可是，只要我们冲破开头的阻力，让学生这样去做，他们就会感觉好多了。

课堂上的提取练习

插图：@Inner_Drive | innerdrive.co.uk

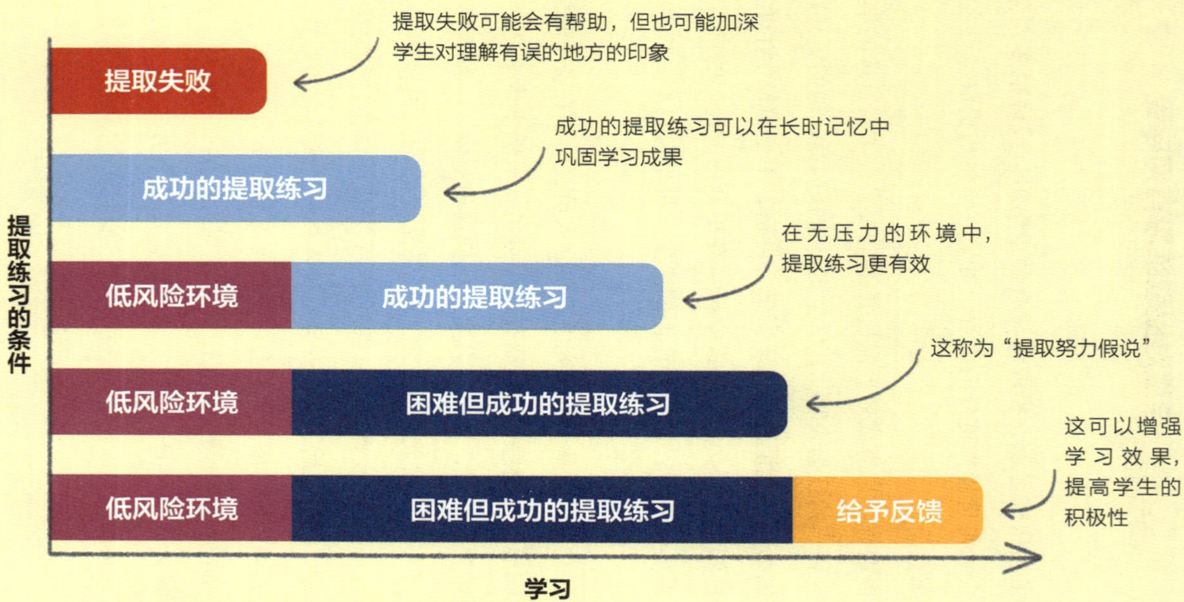

*这幅图展示的并非某项研究的确切数据点，而是我们对多项研究成果的综合诠释。

课堂上的提取练习

大量证据表明，提取练习原则上有助于学习。而究竟在什么条件下，在课堂上做提取练习效果最好，则不那么为人所知，研究人员仍在探讨这个问题。毕竟，课堂比研究实验室复杂多了。

不过，研究人员提出了一些循证指引。首先，要在"低风险"的情况下进行，提取练习才比较有效。这意味着要在无压力的环境中做练习，也不要让学生觉得自己在接受评判。可以说，这就是"考试"（test）和"测验"（quiz，又称"小测验"）的核心区别所在。[不过，两者并不是泾渭分明的。许多人把提取练习称为"测试效应"（the testing effect），而更贴切的叫法应该是"小测验效应"（the quizzing effect）。]

要营造低风险环境，就不要把提取练习当成一次性的大事，而要使之成为常规的课堂活动。同样，教师可以抛开排行榜、计时器等工具，以免增加学生的压力以及对失败的恐惧。

"提取努力假说"认为，提取练习太简单了，就不太可能非常有效。提取练习之所以有用，部分原因在于让学生努力思考相关材料。这里面大概有个最佳平衡点，差不多是"金发女孩效应"：太简单了，对学生要求就不够高；太难了，就可能挫伤学生的积极性。因此，"困难但成功"是不错的口诀。

即使提取失败，提取练习也可能发挥积极作用。有证据表明，这有助于激活周围的图式，激发学生的好奇心，提升其注意力和动机。但风险在于，学生提取了错误答案之后，可能会把错误答案记住。在这种情况下，教师及时给予反馈是很重要的。

提取练习不是孤立存在的

插图：@Inner_Drive | innerdrive.co.uk

提取练习和反馈循环

提取练习、元认知和学习

参考文献：*Naujoks et al, 2022*

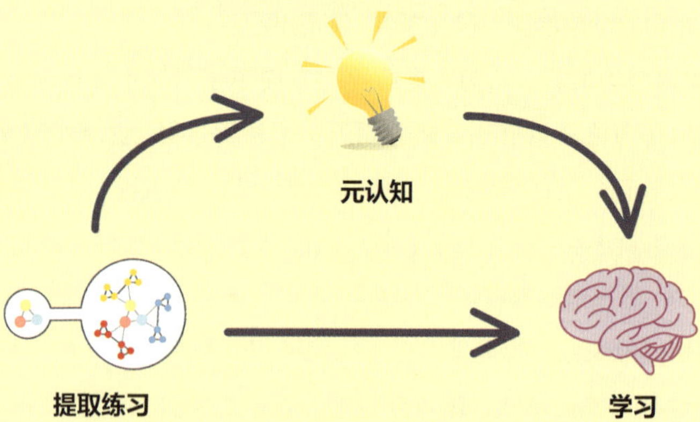

提取练习不是孤立存在的

提取练习与反馈之间有着奇妙的关系。首先，做了提取练习，可以让学生以更健康的心态，更积极主动地接受反馈。这一点是最明显的。学生提取信息，不管是成功还是失败，都可以得到反馈。如果是对的，就得到了确认；如果是错的，就得到了纠正性反馈。这样的反馈可以是针对内容，也可以是针对学生采用的思维过程/策略。

由此可见，提取练习可以为学生提高自我意识奠定基础。学生对自己知道或不知道什么有了更准确的认识，就更清楚日后的学习要在哪些方面下功夫。这是元认知形成的基础之一。没有了这种自我意识，学生就可能会漫无目的地从一项任务转到另一项任务，而不去反思怎样才能最有效地掌握知识。

提取练习可以带来反馈，反之亦然。近期有一项研究发现，学生要是在做完提取练习之后得到反馈，日后就更有可能再去做提取练习。这样一来，就形成了“提取练习—反馈—提取练习”的正循环。

近期另一项有趣的研究发现，把提取练习和反馈相结合，可以大大提升学生的动机。激发学生动机显然是学习过程的关键部分。由此可见，这些关键领域是相互关联的。

“提取练习+反馈”之所以可以提升学生的动机，可能是由于这种方法除了可以增强学生的信心之外，更重要的是，还可以提升学生的能力。很多时候，信心来自能力。研究显示，学生的过往成绩是预测自我效能感的重要因素。没有了能力，信心也难以为继。因此，如果我们能够帮助学生更出色地完成任务，也就能让他们对完成任务感觉更好。

设计最佳选择题

插图：@Inner_Drive | innerdrive.co.uk

问题的结构

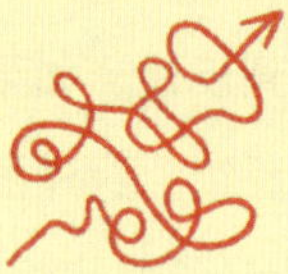

避免：
结构复杂的问题会让学生产生误解，学生索性胡乱猜一个答案。

使用：
结构简单而又清晰的问题最有助于学生做好有针对性的提取练习。

答案选项数量

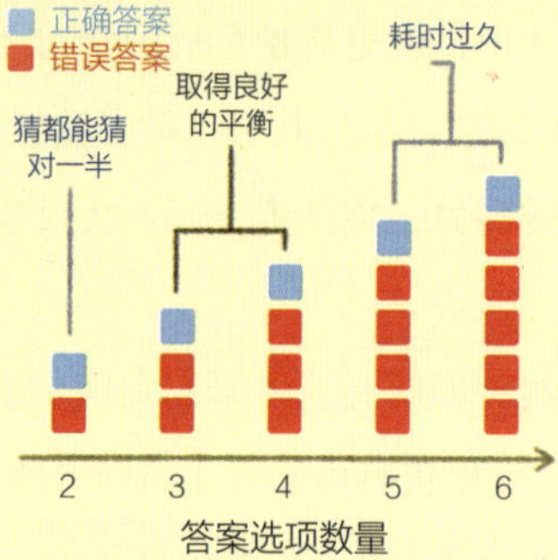

避免非常简单的答案选项

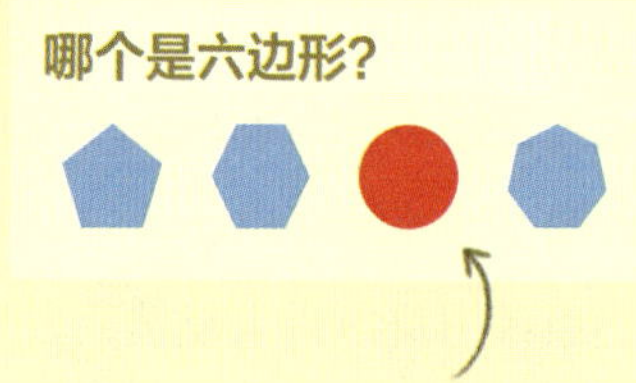

非常简单的答案选项是充数的，毫无意义

设计问题时，应该把正确率控制在70%—80%

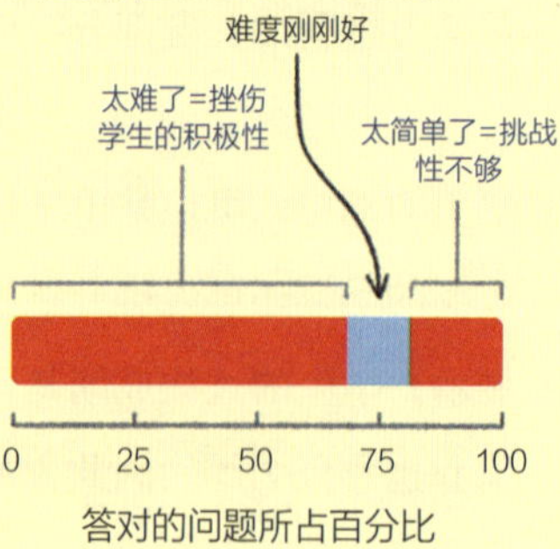

避免使用“以上都不是”的选项

怎样才算好的选择题？

- ○ 结构复杂的问题
- ○ 有许多答案选项
- ○ 有1个非常简单的答案选项
- ○ 以上都不是

如果“以上都不是”是正确答案，学生就只接触到了错误答案，而没有机会提取正确答案。

参考文献：*Butler, 2018*

设计最佳选择题

考虑到提取练习对于学习过程来说有多重要，选择题在课堂上越来越受欢迎。可是，怎样才算好的选择题呢？

就目前的研究成果来看，教师要遵循以下指引。首先，要避免使用结构复杂的问题或复杂的回答形式。要是弄得太复杂，就会引起误解，学生就索性胡乱猜一个答案。采取简单的问答形式，教师就能更可靠地评估学生知道或不知道什么。本质上，这样可以更好地考查学生的知识水平。

其次，要考虑设置多少个答案选项。如果教师只给出2个选项，学生即使先前没有学过相关知识，瞎猜也能猜对一半。一无所知的人答对的概率就像抛个硬币，这样的提取练习是不可取的。同样，如果教师给出太多答案选项，就会耗费比较长的时间，问题能够覆盖的内容主题就会比较少。总的来说，设置三四个答案选项通常是最理想的。

再次，要避免设置明显错误的答案选项。这种选项是充数的，毫无意义。每个答案选项都应该有“适宜的难度”。出于同样的道理，选择题测验的整体正确率应该控制在75%左右，这也是许多研究人员和从业者达成的共识。正确率太高了，测验就不够难，未能充分发挥提取练习的作用；正确率太低了，就可能挫伤学生的积极性。

最后，要避免使用“以上都不是”的选项。“以上都不是”的主要问题在于，如果这是正确答案，学生就只接触到了多个错误答案，而没有机会巩固对正确答案的记忆。

让选择题测验更上一层楼

插图：@Inner_Drive | innerdrive.co.uk

信心加权计分（confidence-weighted）的选择题可以提高信息提取的广度，加深学习过程。

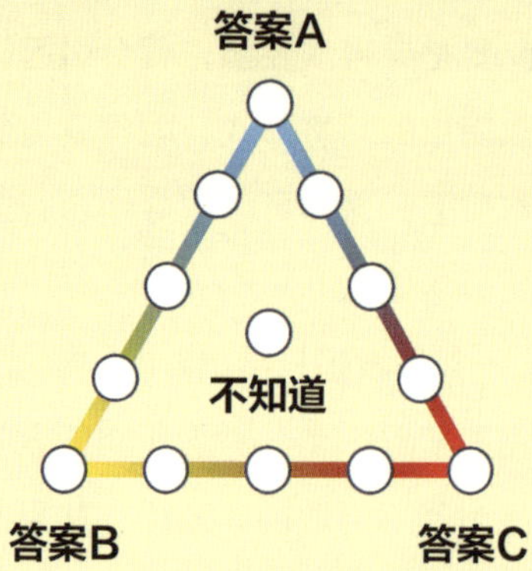

选择题可以让全班同学接受反馈，并进行反思和讨论。

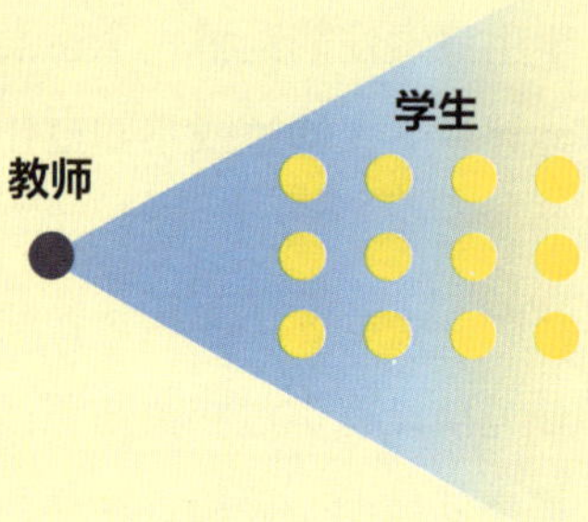

在好的选择题中，每个错误答案选项都应该针对学生可能理解有误的某个地方以及错误的思维过程。

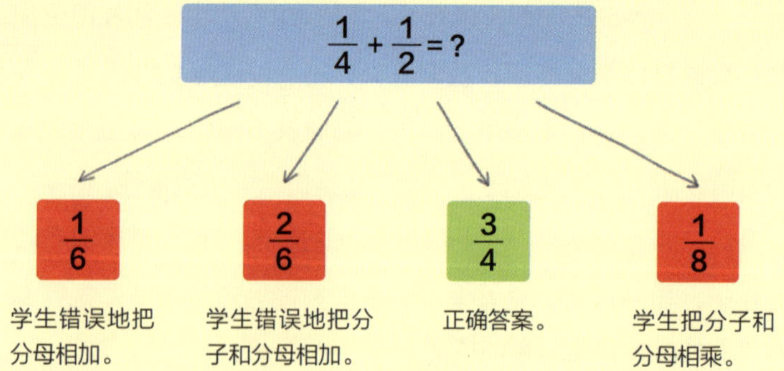

让选择题测验更上一层楼

在信心加权计分的选择题中，学生除了选择答案外，还要指出对自己的答案的信心有多高。这种做法可以提高信息提取的广度，避免瞎猜（题目还会给出“我不知道”的选项），帮助学生更深入地思考。因此，有证据表明，参与这类考试的学生日后更有可能回答上相关的新问题。

值得留意的是，比起信心加权计分的选择题测验，常规选择题测验更容易管理和批改。教师在决定要不要在课堂上采用信心加权计分的选择题时，在决定使用频率时，应该考虑这个因素。和所有基于研究的策略一样，我们不能光看策略有望产生的影响，还要将其除以实施策略所需的时间或成本，这才是真正重要的考虑指标。

和直接做具体的提取练习一样，利用选择题还有一个好处，那就是发现学生错误的思维过程，然后有针对性地帮助学生纠正。要尽量提高这种做法的效果，每个错误答案选项都应该针对学生可能理解有误的某个地方。每个年龄组的学生都有一些常见的误解或错误观念，对此，教师往往是可以事先预测的。整体而言，这意味着选择题测验中的错误答案不只是干扰项，还是一种提示，可以为教师日后的教学提供指引。

学生做完选择题测验之后，教师要怎样做，也是很重要的。有证据表明，如果教师以此为基础，组织全班讨论，为全班同学提供反馈，就可以进一步加快学习的过程。这样做或许会额外占用大量时间，但可以让学生从自己和其他同学的错误中学习。

间隔学习和交错学习

定期复习以及做比较和对比的重要性。

“临时抱佛脚”和间隔学习

创作者：卡尔·亨德里克和奥利弗·卡维廖利
插图：@Inner_Drive | innerdrive.co.uk

“临时抱佛脚”

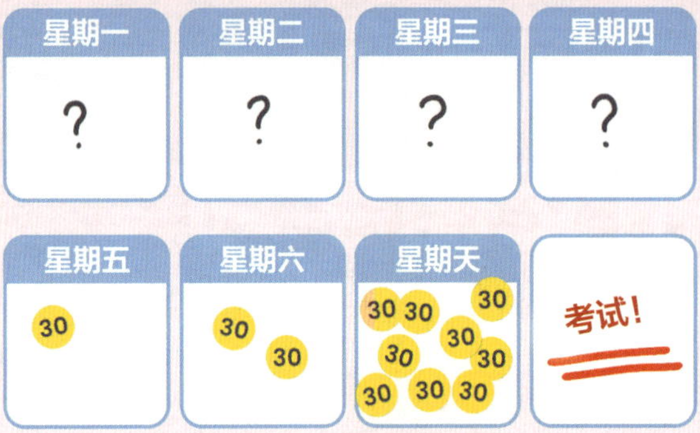

间隔学习

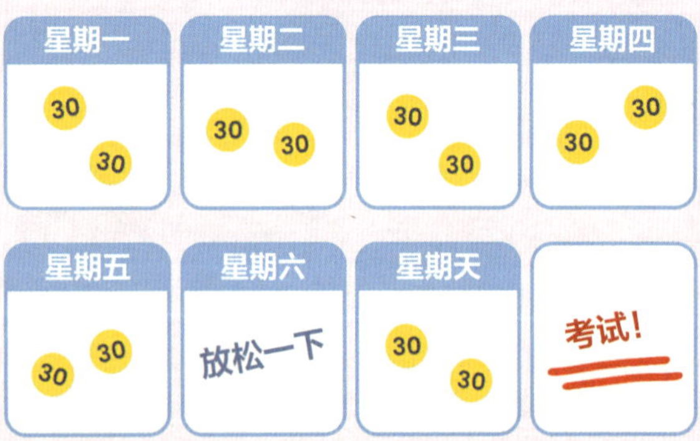

“临时抱佛脚”和间隔学习

“间隔效应”是认知心理学中最历久弥新的发现之一。1885年，德国心理学家赫尔曼·艾宾浩斯（Hermann Ebbinghaus）首次详细描述了这一现象。艾宾浩斯发现，如果人们对某些知识只学习一次，往往会忘记其中的大量信息。现在回想起来，他的研究是极具开创性的。他采用了严谨的科学方法，时隔100多年，研究人员依然能够成功复制他的研究结果。

从那以后，不断有研究证明间隔学习的力量。也就是说，学生不要指望“一口气吃成个胖子”，而要细水长流。例如，对于长期的学习来说，比起1天埋头学习7小时、其余6天不学习，连续7天每天学习1小时的效果大概更好。

不断有研究证明，间隔学习是最佳的学习策略之一。许多研究发现，比起“临时抱佛脚”，采用间隔学习的学生保持的记忆要多出10%—30%。这是由于记忆需要时间和重复。与直觉相反的是，间隔学习之所以奏效，其中一个原因在于一段时间过去，学生快要把内容忘掉了，又重新学习。我们每次快要遗忘而又重新学习，都会巩固信息，将信息更深入地根植到长时记忆中。

除了改进记忆和学习之外，间隔学习还有一个好处，那就是压力没有那么大。在考试之前“临时抱佛脚”，是不利于心理健康的。考试本来就有压力，如果等到“火烧眉毛”才去埋头苦读，就更是雪上加霜。

研究人员想知道复习的最佳时间间隔是多长，但还没有找到明确的答案。这是因为需要考虑的因素有很多。不过，大致来说，你想要记忆的时间越久，复习的时间间隔就要越长。

交错学习为何奏效

插图：@Inner_Drive | innerdrive.co.uk

块状学习

块状学习就是先连续学习概念1，然后连续学习概念2，然后再连续学习概念3。

交错学习

交错学习就是在一个内容主题内，交替学习多个概念。

交错学习为何奏效

1. “辨别学习”(discrimination learning)：**发现相似事物之间的不同点**

我们让学生找不同时，学生会更努力思考。经过对比的信息更容易在大脑中留下深刻印象。

2. 涉及记住**不同事物的相似点**

通过突出不同事物的相似点，我们提供了更多“锚定点”，学生可以把新信息“拴”在这些锚定点上。

3. 涉及**间隔学习的好处**

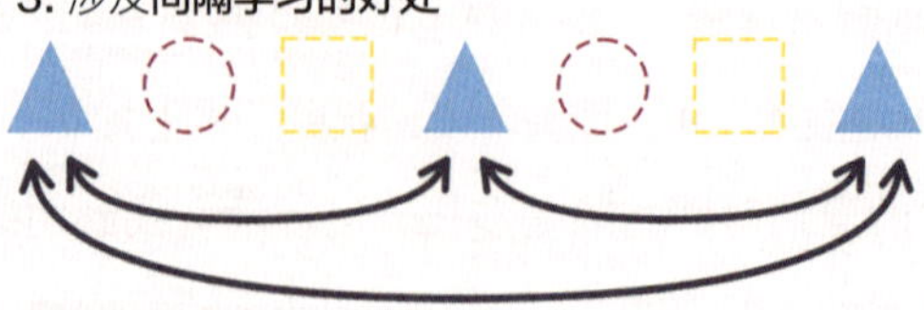

我们每次复习，都有助于将信息根植到长时记忆中，并加以巩固。

交错学习为何奏效

很多人会把交错学习和间隔学习联系到一起。诚然，交错学习里面有间隔学习的元素，但这是一项独立的策略。有些研究人员认为，部分区别在于，在间隔学习中，学生在学习间隔时间里，可以给心理"充电"，减缓遗忘速度，补充学生能够付出的"认知努力"。而交错学习则更强调对比不同的概念。

交错学习就是在一个内容主题内，交替学习多个概念。与此相反的是块状学习，也就是完整地连续学习一个概念，然后到下一个，然后再到下一个。研究显示，交错学习可以大幅提升学习和记忆效果。但这是为什么呢？背后可能有3个原因。

第一被称为"辨别学习"，也就是说，学生看到了相似事物之间的不同点，往往就会把内容记得更牢。这与"比较和对比两件事物"之中的"对比"不无相似之处。把两个不同的事物放在一起看，两者之间的区别会变得更加明显。而块状学习达不到这个效果。这可能是因为学生在块状学习尾段时间里，由于熟悉内容，更有可能处于"自动驾驶模式"；也可能是因为记忆力有限（也就是说，我们遗忘的速度往往会比自己意识到的更快），学生会忘记此前学习的内容。

第二是帮助学生把相似事物凑到一起。学生可以从中发现趋势、规则和相辅相成的概念。这样一来，就可以制造出更多"锚定点"，学生可以把新信息"拴"在这些锚定点上。

第三是包含间隔学习的元素。按照定义来说，我们比较两个或以上的概念，自然就会将其间隔开来。所以，交错学习虽然与间隔学习不同，却还是包含间隔学习的元素。

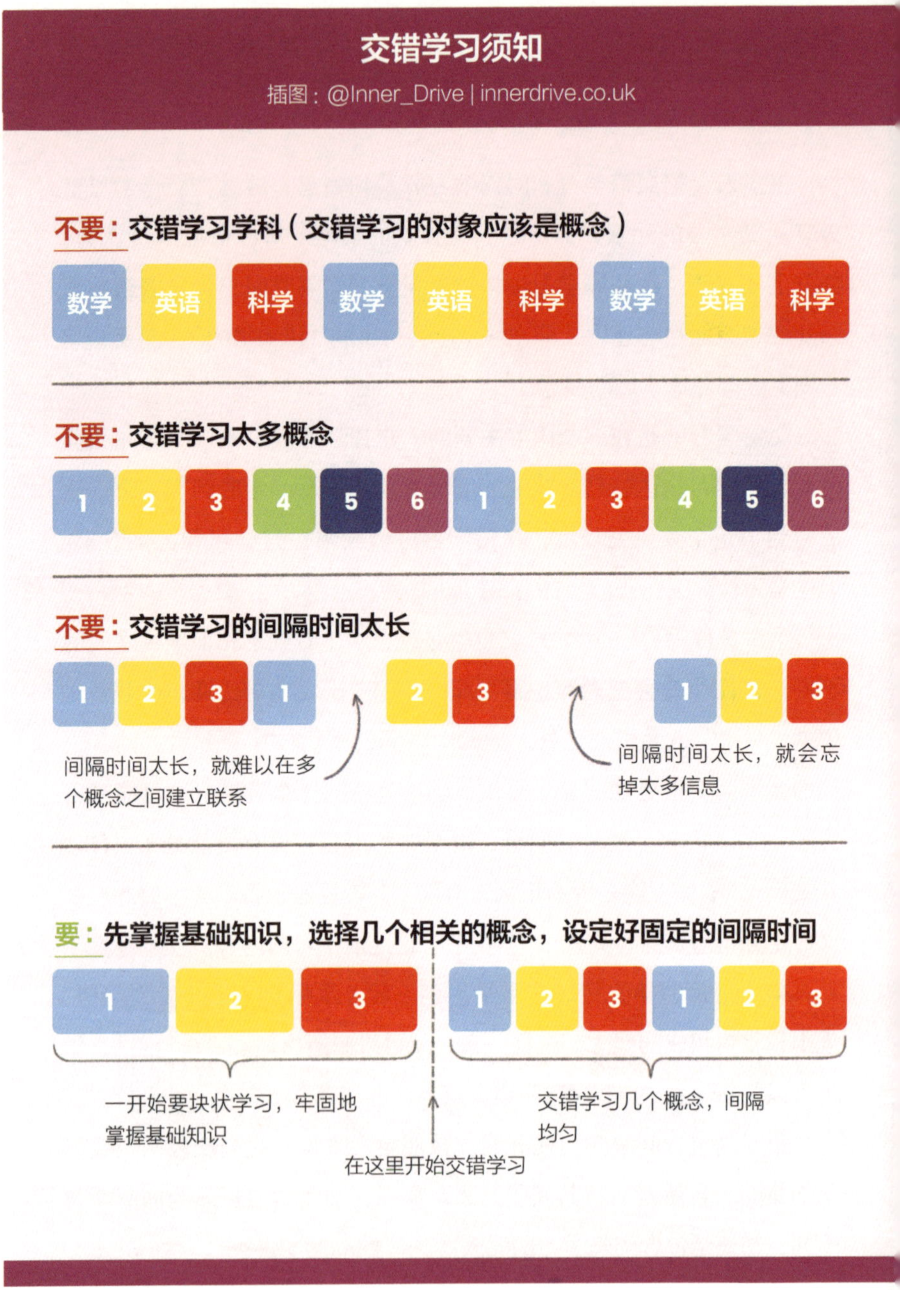
交错学习须知
插图：@Inner_Drive | innerdrive.co.uk
不要：交错学习学科（交错学习的对象应该是概念）
数学 英语 科学 数学 英语 科学 数学 英语 科学
不要：交错学习太多概念
1 2 3 4 5 6 1 2 3 4 5 6
不要：交错学习的间隔时间太长
1 2 3 1 2 3 1 2 3
间隔时间太长，就难以在多个概念之间建立联系
间隔时间太长，就会忘掉太多信息
要：先掌握基础知识，选择几个相关的概念，设定好固定的间隔时间
1 2 3 1 2 3 1 2 3
一开始要块状学习，牢固地掌握基础知识
在这里开始交错学习
交错学习几个概念，间隔均匀

交错学习须知

许多教师告诉我们说，在认知科学的所有领域中，交错学习是最难实施的。那么，关于交错学习，有哪些最常见的误解和迷思呢？

首先，是交错学习什么材料。所谓交错学习，并不是交替学习多个学科（不过，这样做或许也能从间隔效应中获益），而是在一个内容主题内，交替学习多个概念。换言之，学生并不是要交替学习数学、英语和科学这几个科目，而是要交替学习3类数学问题。

交错学习的另一个错误，是同时交错学习太多概念。如上所述，交错学习的其中一个好处，是能够区分和辨别相似的概念。如果学生想要比较和对比太多不同的信息，就很可能会有太多信息同时涌入工作记忆，大脑加工不过来，造成认知超载。值得留意的是，究竟交错学习多少个概念才是最理想的，研究人员并没有达成共识。不过，多项研究显示，一次最好不要超过3个。

交错学习的一个主要好处，是可以帮助学生在不同的内容主题之间建立联系或进行对比。因此，交错学习的间隔时间不宜太长。间隔时间太长的另一个问题在于，我们的记忆本身是不稳定的，会改变和修改，最终会消退。因此，最好要为交错学习设定较短的间隔时间。

与交错学习相关的最后一个常见错误，是一开始就急于交错学习。如果学生还没有掌握基础知识，就过多地交错学习，可能会埋下隐患。由于学习材料变来变去，学生可能会望而生畏，屡屡受挫，觉得什么也没学到。更好的方法，是开头先掌握好扎实的基础知识，再交错学习几个概念，并为之设定较短的间隔时间。

间隔学习和交错学习换来持久的学习效果

插图：@Inner_Drive | innerdrive.co.uk

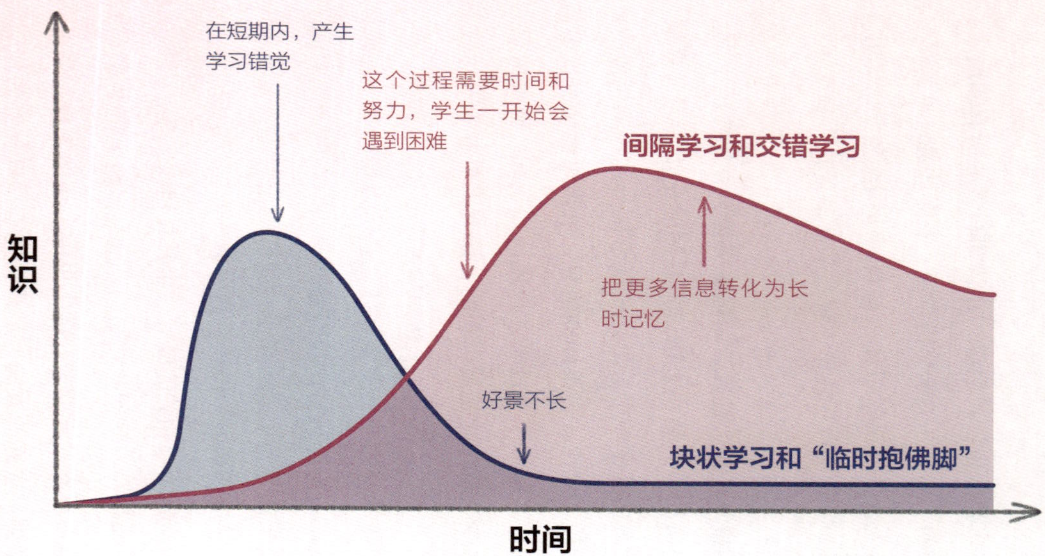

*这幅图展示的并非某项研究的确切数据点，而是我们对多项研究成果的综合诠释。

间隔学习和交错学习换来持久的学习效果

教育的目的之一，是帮助学生真正掌握“深度知识”。这类信息是学生可以长期记住的，可以在不同的情境中灵活应用，可以在这基础上进一步学习。浅层学习比较轻松快捷，但得来的浅层知识也很容易忘记。

浅层学习源于块状学习（先连续学习一个内容主题，然后到下一个，然后再到下一个）和“临时抱佛脚”（一口气塞进很多内容），可能会引起“学习的错觉”。如果在学生进行块状学习或“临时抱佛脚”之后，我们马上去评估学生的学习情况，他们往往会得高分。这是因为他们只是像鹦鹉学舌似的，重复最后记得的信息。这种做法会让学生产生虚假信心。

什么东西都是这样，来得快就去得快。记忆也不例外。大量研究发现，学生进行块状学习或“临时抱佛脚”之后一两个星期，遗忘率已经非常高了。

我们知道，很多学生一开始接触交错学习，会觉得困难。这需要学生付出努力，可能不会立竿见影地大幅提高成绩。可是，这种学习方法更有“黏性”，记忆消退的速度要慢得多。也就是说，信息更有机会转化为长时记忆。

左页图并非源自某一项研究，而是反映了我们对不同的学习策略对学习效果有何影响的整体理解，衡量标准是学生长远而言回忆信息的能力。或许在某些时间、某些场合，适合进行块状学习；但不可否认的是，如果学生不复习，不在学习的新内容和已经掌握的知识之间建立联系，就会很快忘记信息。这意味着，要帮助学生真正掌握“深度知识”，间隔学习和交错学习都是良好的策略。

如何使用莱特纳系统

插图：@Inner_Drive | innerdrive.co.uk

1. 制作5个不同的卡片盒，用于存放抽认卡。所有抽认卡最先放在1号卡片盒里。

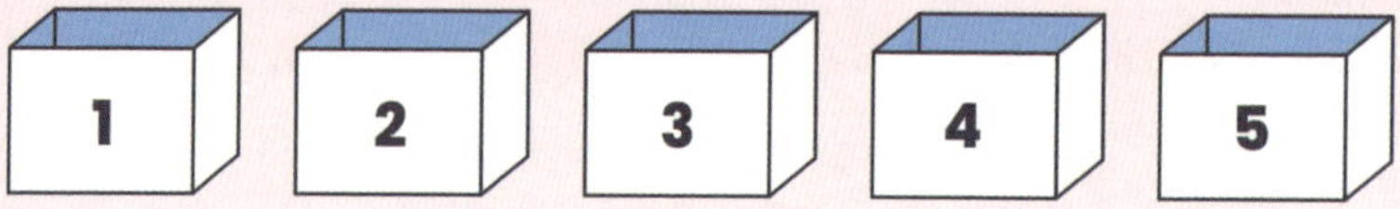

2. 复习时如果回答正确，抽认卡就移到下一个卡片盒。卡片盒编号越大，复习间隔时间越长。

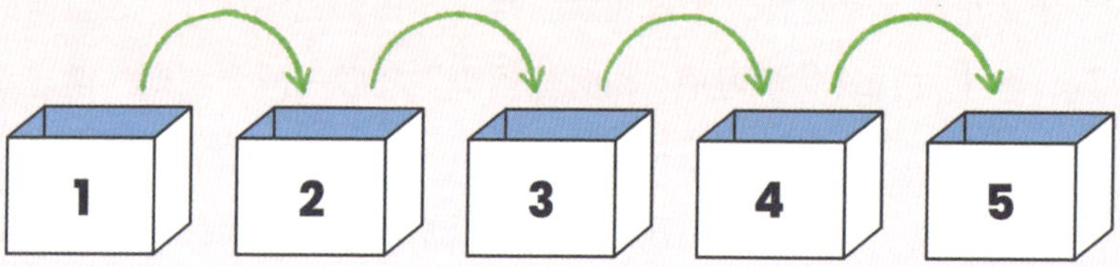

3. 回答错误的抽认卡重新放回1号卡片盒。

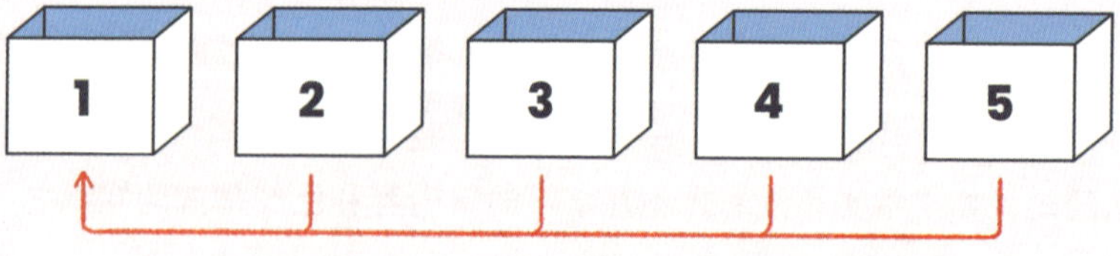

如何使用莱特纳系统

迄今为止，我们讲述了提取练习、间隔学习和交错学习的重要性。那么，有没有哪个系统可以在学生独立学习时，把三者相结合呢？有的，这就是“莱特纳系统”（Leitner System）。20世纪70年代，塞巴斯蒂安·莱特纳（Sebastian Leitner）在《学习这回事》（*So lernt man lernen*）这本书中，首次提出了这个系统，“莱特纳系统”因此得名。可以说这是学生使用抽认卡的最有效方法。

莱特纳系统设计了一个“学习卡片盒”，把利用抽认卡学习的过程分为5步。卡片盒分隔为5个不同的盒子，编号为1—5。所有抽认卡最先放在1号盒子里。每抽一张卡片，如果学生记住了上面所有信息，能够答对问题，卡片就移到下一个盒子。

以此类推，每次回答正确，卡片就移到下一个盒子。回答错误的卡片重新放回最先的盒子（也就是1号盒子）。这样一来，对于那些还没有储存到长时记忆中的信息，学生就可以定期给自己做小测验。

利用每个盒子的间隔时间并不是固定的。学生可以根据自己的情况灵活决定。这里是其中一个策略，仅供参考：每天复习1号盒子的卡片，隔天复习2号盒子的卡片，每3天复习3号盒子的卡片，每周复习一次4号盒子的卡片，每两周复习一次5号盒子的卡片。

莱特纳系统利用了“间隔重复”的概念，可以帮助学生定期复习本来可能忘记的内容，促使学生提取和回忆信息。他们越是这样去做，遗忘的可能性就越低，距离下一次复习的间隔时间就可以拉得越长。

认知负荷理论

为何会产生认知超载，你怎样才能缓解认知超载。

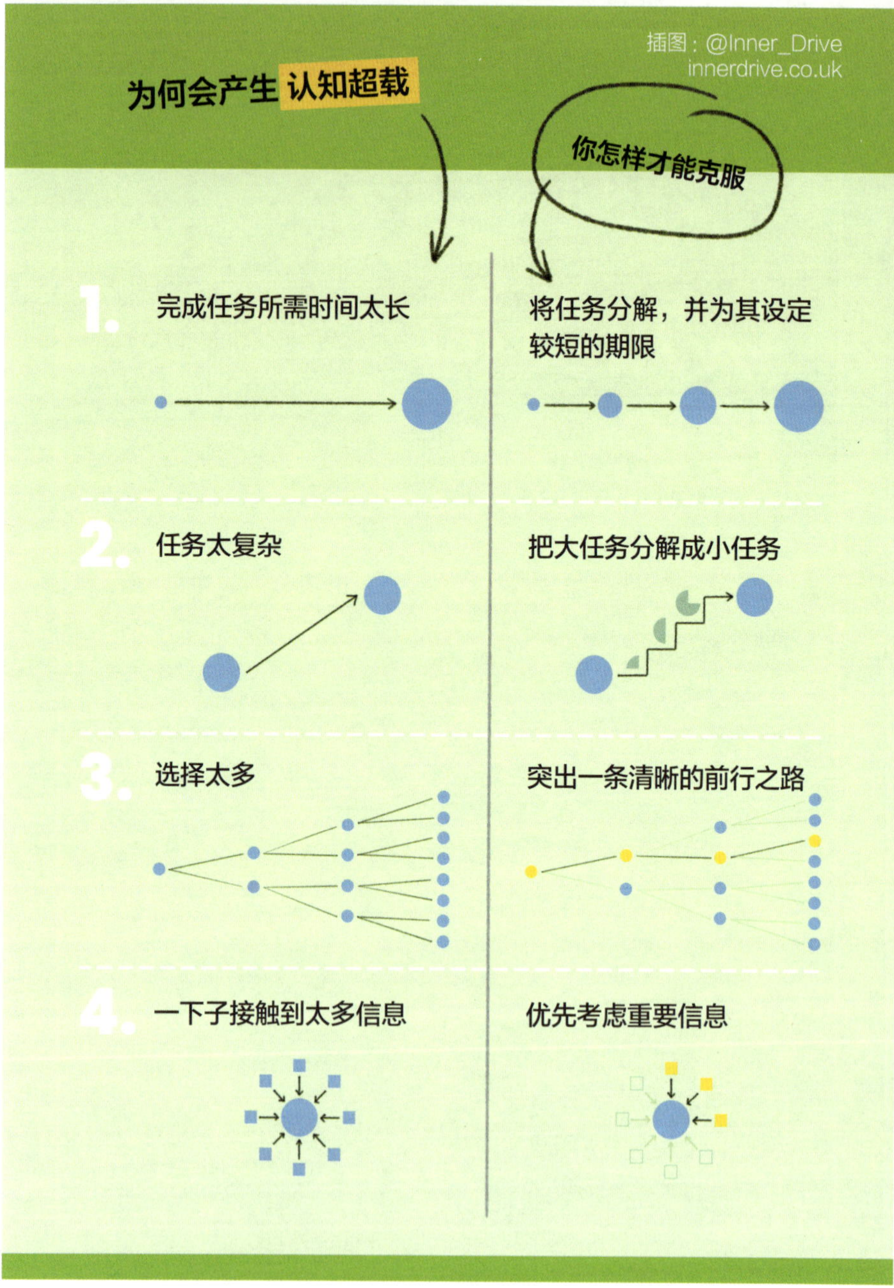
插图：@Inner_Drive
innerdrive.co.uk
为何会产生认知超载
你怎样才能克服
1.
完成任务所需时间太长
将任务分解，并为其设定较短的期限
2.
任务太复杂
把大任务分解成小任务
3.
选择太多
突出一条清晰的前行之路
4.
一下子接触到太多信息
优先考虑重要信息

为何会产生认知超载

由于工作记忆的容量有限，在维持时间上也存在局限性，学生很容易产生认知超载。这时，学生把信息转化为长时记忆的能力会下降，因此会阻碍学习过程。

之所以会出现认知超载，一个原因在于，如果一项任务所需时间太长，我们就很难想象完成任务的过程。要计算成功完成任务涉及多少成分和不确定因素，需要付出很大的"心理努力"，让人感到应接不暇，力不从心。好在有证据表明，通过设定截止日期（特别是别人/教师设定的截止日期），可以很有效地增强学生的动力。

同样，如果一项任务错综复杂、千头万绪，就可能令人头痛。对于那些"完美主义"或者非常害怕失败的学生来说，这样的任务会带来极大的压力。这时，我们可以将任务分解，并为其设定较短的期限；也可以把大任务分解成小任务，确保每个小任务都是可实现的。这些方法都有助于克服认知超载问题。一次专注于一部分，感觉就没有那么难，也在学生的控制范围内。

自主性是好事；可是，选择太多了，往往会让人无所适从。例如，一项有名的研究发现，比起有24种不同口味果酱的摊位，只有6种果酱的摊位可以卖出更多果酱。太多选择会让人陷入"决策瘫痪"。为了尽量减少"选择太多"造成的超载，我们可以限制选择，突出一条清晰的前行之路。对于经验不足的初学者来说，这一点尤为重要。

最后，要是一下子接触到太多信息，可能会造成认知超载。当今时代，信息纷繁庞杂。很多时候，我们面对的挑战不是怎样去找更多信息，而是怎样区分最重要的相关信息，拦截不相关的多余信息。

注意力分散效应、冗余效应和一致性效应

插图：@Inner_Drive | innerdrive.co.uk

	注意力分散效应	冗余效应	一致性效应
给工作记忆造成负担	●	●	●
信息与学习无关			●
以不同的形式重复相同的信息		●	
信息分散在不同的地点和／或时间	●		

注意力分散效应、冗余效应和一致性效应

与认知负荷理论相关的效应有很多，我们很容易混淆（讽刺的是，造成认知负荷理论相关的认知超载）。例如，很多人都没弄清楚注意力分散效应、冗余效应和一致性效应有什么区别。

这3种效应都会给工作记忆造成负担，降低教学的成效，让学生更难以学习新信息或复杂的信息。那么，三者有何区别，要怎样区分呢？注意力分散效应涉及相关信息和新信息，这也是唯一涉及实际地点和／或时间的效应。如果学生在学习新信息时，必须同时参照两个不同的信息来源，就会给大脑带来额外的负荷。毕竟，在不同的信息来源之间切换，需要耗费时间和精力。例如，如果学生得经常翻页去查找不可或缺的信息，或者必须看分开的图例才能理解图表，就会加大认知负荷。

只有"一致性效应"是指不相关的信息抢夺注意力。这可能包括有趣但不相关的图片、文字、音乐或声音。"冗余效应"是指相同的信息重复出现。例如，如果教师叫学生看某句话，同时又念给他们听，就会产生冗余效应。这样做的问题在于，自己阅读的速度与听别人念书的速度是不一样的。也就是说，学生往往是自己先看了这句话，再听到教师念这句话（尤其是在屏幕／黑板上有大量文字之际）。这时候，教师念的话就有点多余。

针对这3种效应，分别有不同的策略可以减少认知超载，不可混为一谈。希望这幅图可以为你提供方便，让你一目了然地区分清楚。

常规图表和集成图表

改编自：詹金斯(Jenkins)，2017 | 插图：@Inner_Drive | innerdrive.co.uk

常规图表

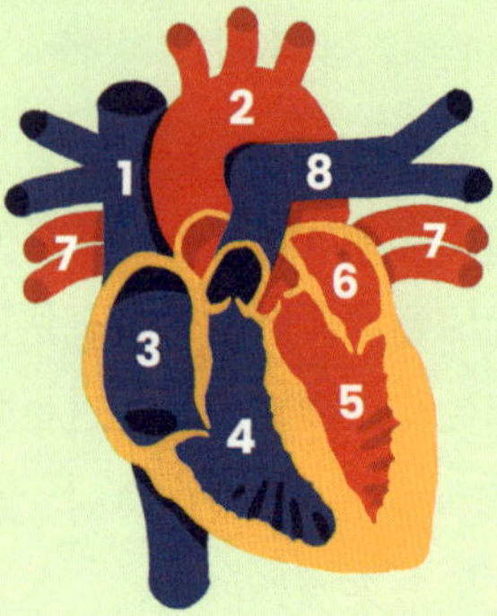

1. 腔静脉
2. 主动脉
3. 右心房
4. 右心室
5. 左心室
6. 左心房
7. 肺静脉
8. 肺动脉

集成图表

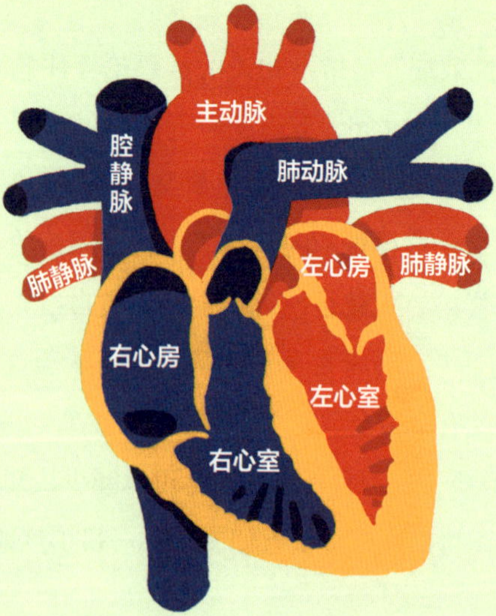

常规图表和集成图表

如果信息的展示方式不当，迫使学生过多地摊薄了注意力，就会产生注意力分散效应。信息分成了太多个重要组成部分，大脑储存和加工不过来，这就可能导致学生吸收的重要信息减少，学习速度放慢。

注意力分散效应的一个例子，是在图表中展示新信息的方式。常规图表通常有一幅图，旁边是图例。大脑要加工这样的信息，学生就必须来回看图和图例。例如，在这幅图表中，如果我们叫你描述左心房和肺静脉之间的关系，你就必须来回看心脏的图片和旁边的图例，大概要看上几次才能回答上来。

而集成图表会把信息放在图片里。学生用不着来回切换，大脑加工信息也就没那么费劲。研究发现，大脑加工这种图表所需时间较短，学生更可能记住里面的信息。这意味着使用集成图表学习的效率更高，效果也更好。

使用集成图表还会带来一个无心插柳的好处，那就是图片可以做得更大。由于旁边不用放文字，腾出了空间，心脏的集成图表比常规图表大得多。从实用的角度来说，图片大了，远处的学生就看得更轻松，坐在最后一排的学生也能够看清楚。

如果你还心存疑虑，回想一下自己上学的时光好了。你还记得哪幅图表？许多人还记得“水循环图”。当然，这大概是集成图表最有名的例子之一了。

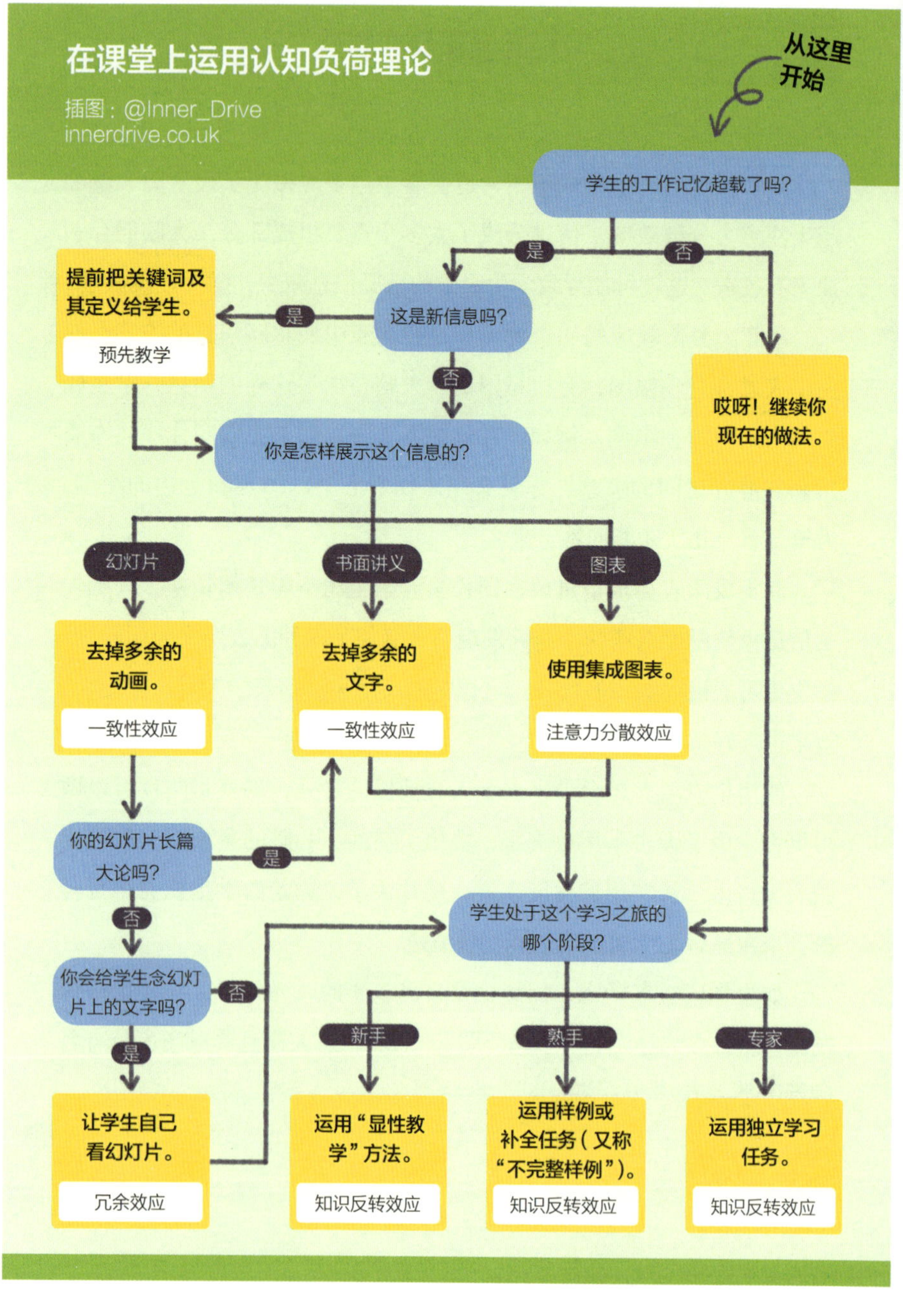
在课堂上运用认知负荷理论
插图：@Inner_Drive
innerdrive.co.uk
从这里开始
学生的工作记忆超载了吗？
是
否
这是新信息吗？
是
提前把关键词及其定义给学生。
预先教学
否
哎呀！继续你现在的做法。
你是怎样展示这个信息的？
幻灯片
书面讲义
图表
去掉多余的动画。
一致性效应
去掉多余的文字。
一致性效应
使用集成图表。
注意力分散效应
你的幻灯片长篇大论吗？
是
否
学生处于这个学习之旅的哪个阶段？
你会给学生念幻灯片上的文字吗？
否
是
新手
熟手
专家
让学生自己看幻灯片。
冗余效应
运用“显性教学”方法。
知识反转效应
运用样例或补全任务（又称“不完整样例”）。
知识反转效应
运用独立学习任务。
知识反转效应

在课堂上运用认知负荷理论

认知负荷理论的框架之下有那么多不同的原则，究竟怎样决定在某个时候要用哪一个呢？有时候，这个问题着实令人困惑（想想看，这也挺讽刺的）。这幅图绝非一成不变的规则，而是大致的指引。

首先，要认真考虑：（a）信息有多新；（b）提供信息的形式是怎样的。如果是新信息，教师可以提前把关键的定义给学生，这称为“预先教学”。这样一来，学生就不必等到上课再去学习关键术语。这样做可以减轻在课堂上对学生的工作记忆造成的负担，让他们的大脑能够加工更多信息。

其次，如有可能，应去掉不相关的信息。这称为“一致性效应”。这可能包括减少幻灯片上令人分心的动画，或者去掉书面讲义上多余的文字。在这两种情况下，教师都要给学生充分的时间去自行阅读材料，而不要一开始就给学生念幻灯片或讲义上的文字（这里假设学生有能力自己阅读）。不然，就会产生“冗余效应”。

最后是“知识反转效应”。根据这项原则，由于新手的图式没有专家那么发达，我们在教学方式上也要有所区别。本质上，由于新手还没有形成自己的内部工作模式，我们需要更多地为他们提供框架。同样，专家有自己丰富而又微妙的图式，如果我们把自己的框架强加给他们，就会构成竞争，产生混乱。所以，对新手奏效的教学方法，对专家可能起到反作用。

久而久之，等新手掌握了更多知识和技能，我们提供的支持也要相应减少。在这里，示范和搭建脚手架等方法很有用。由此可见，认知负荷理论的多项原则和罗森夏因的一些教学原则是相互作用的。

认知科学研究及其应用

目前有哪些研究成果，将其投入应用时应该注意避免哪些错误。

认知科学研究的初学者指南

插图：@Inner_Drive | innerdrive.co.uk

因果关系和相关性

因果关系意味着X导致Y。

相关性意味着X与Y相关。

样本大小

“样本大小”是指多少人参与了研究。通常来说，参与者越多，研究结果越可靠。

效应值

“效应值”用d表示，用以衡量研究结果的强度。d值越大，两个变量之间的关系强度就越大。

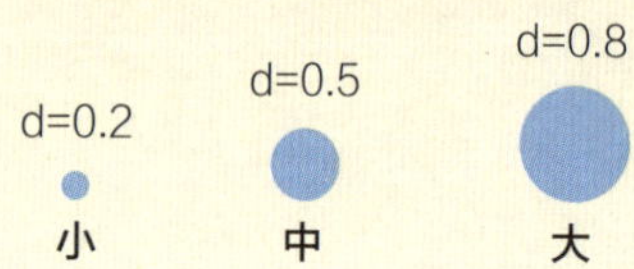

不同类型的研究设计

实验室研究

实验室研究排除或限制了外部因素，研究人员可以只研究一个因素，更容易确定因果关系。

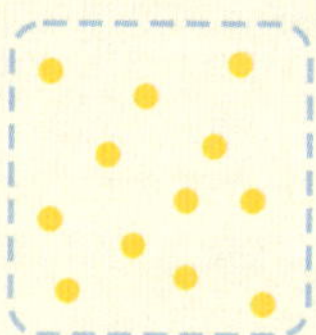

课堂研究

课堂研究可以评估某项策略有多适用。这类研究有更多外部因素，更加错综复杂，但研究结果在实际生活中的效度更高。

元分析

在元分析中，研究人员结合了大量类似的研究，决定某项策略的影响力有多大。

纵向研究

纵向研究追踪同一群体或个体在一段时间里的变化，时间跨度从几年到几十年不等。

认知科学研究并不能取代教师的判断，而是用于帮助教师做出更明智的判断。单凭一项研究，并不能给出明确的答案；但综合多项研究，可以为哪些方法可能最有效提供指引。

认知科学研究的初学者指南

在当今时代，教育界非常重视证据和研究。过去几年，教师对认知科学产生了前所未有的兴趣。为了追求循证教学，越来越多的教师在看研究论文，也会就相关话题发表不同的看法。

究竟怎样才算好的研究论文，并没有硬性规定。样本大小可能是具有欺骗性的，未必是越大越好。同样，效应值也可能给人误导。可能有人不把效应值小（约为0.2）的研究论文放在心上，也可能有人对效应值高（高于0.8）的研究论文过分赞颂。但这是徒劳的。更好的方法，是把干预措施所需时间与效应值相比较。例如，如果一项干预措施的效应值小，但比较便宜，只需15分钟，而另一项干预措施的效应值大，但复杂、昂贵、耗时甚多，可能前者比后者更加有用。

在看研究论文时，还需要考虑另一个重要因素，那就是因果关系和相关性。有些研究探讨的是某项行为或结果的原因，而有些研究探讨的是某项行为或结果与什么有关。要区分哪些属于后者，可以留意研究人员的用词。如果说的是“与……有关”“与……相关”，他们说的很可能不是“因果关系”，而是“相关性”。

最后要考虑的是，研究采用了哪一类研究设计。我们并不是说某一类设计一定比其他设计更好，而是说要看一下研究设计在多大程度上能够帮助我们准确回答这项研究提出的问题。例如，如果要追踪在一段时间里变化的持续性和变异性，更适合做纵向研究。同样，如果要综述迄今为止的现有研究，则适合做元分析。每种研究设计都有自己的优势和劣势。你越是控制外部因素（随机对照试验），答案可能就越“纯粹”，但也可能越脱离实际。毕竟，现实情况更加错综复杂。

教育中的认知科学

创作者：扎克·格谢尔（Zach Groshell）| 插图：@Inner_Drive | innerdrive.co.uk

参考文献（下同）：	示范/例子	管理认知负荷	双重编码	提取练习	间隔练习	交错学习	精细探询/提问	自我解释	反馈
Weinstein et al, 2018	●		●	●	●	●	●	●	
Great Teaching Toolkit, 2020	●	●		●	●	●	●	●	●
Dunlosky et al, 2013				●	●	●	●	●	
Principles of Instruction, 2012	●	●		●	●		●	●	●
Cognitive Architecture and ID, 2019	●	●	●		●			●	
The Science of Learning, Deans, 2015	●	●	●	●	●	●	●	●	●
Learning: What Is It?, McCrea, 2019	●	●	●	●	●	●	●	●	●
Organizing Instruction to Improve Learning, IES, 2007	●	●	●	●	●	●	●	●	●
Cog Sci Approaches in the Classroom, EEF, 2021	●	●	●	●	●	●	●	●	●
Learning About Learning, 2016	●		●	●	●		●		●
Applying the Science of Learning in Education, 2014	●	●	●	●	●	●	●	●	●

教育中的认知科学

教师扎克·格谢尔制作了这个表格，并在社交媒体上分享。里面列出了在教学与学习领域的一系列综述中，提到了认知科学的哪些元素。想想看，教育界这些聪明绝顶的人投入了大量时间和精力，研究成功率最高的教学与学习方法，得出的结论是大同小异的。在教育这样复杂而又多元化的领域，居然能够达成这样的共识，实属罕见。

所有综述都提到了“间隔练习”（复习）。这一点已经得到了公认：学生遗忘的速度极快；通过定期复习，可以帮助他们把信息储存到长时记忆中，并加以巩固。然而，学生往往还是会高估自己会记得多少，所以，很多时候都觉得没必要复习。

“提取练习”“精细探询”“自我解释”也值得留意。只有1篇综述没有提到这3种方法。这3种方法各不相同，但也可以归为一类，都涉及从记忆中回忆信息。由此，我们可以重申一点：让学生回答问题，有助于学生把信息记得更牢固。

“双重编码”出现最少，不过在11篇综述中也有8篇提到。所谓“双重编码”，是结合两种不同的刺激（通常是图片和文字），提高学生对信息进行编码的效率和效果。这个策略用起来要比较小心。常见的陷阱包括使用太多图片，或者使用的图片与旁边的文字没有直接关系。但如果有选择性地、慎重地使用少许图片，可以帮助学生记住和回忆更多信息。

运用认知科学时要避免的6个错误

插图：@Inner_Drive | innerdrive.co.uk

提取练习

避免 给学生压力。

要 在“低风险”的情况下进行。

交错学习

避免 交错学习太多概念。

要 控制在3—4个概念。

间隔学习

避免 复习间隔时间太长或太短。

要 在学生快忘记时复习。

认知负荷理论

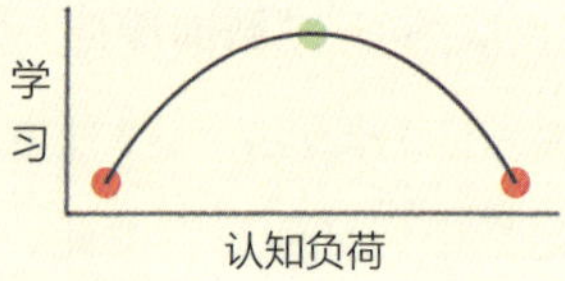

避免 太轻或太重的认知负荷。

要 优化认知负荷，而非不惜一切地减轻认知负荷。

元认知

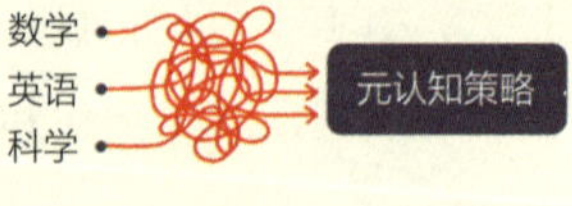

避免 含糊不清。

要 尽量清晰，针对具体学科。

双重编码

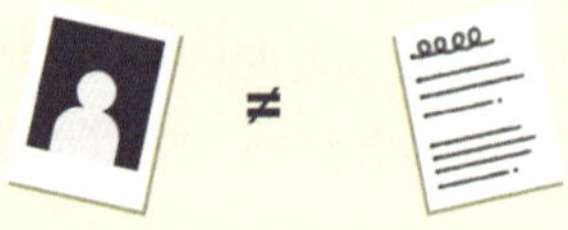

避免 使用不相关的图片。

要 确保图片和文字密切相关，有助于学习。

运用认知科学时要避免的6个错误

认知科学有望为教育带来重大转变，但并不是毫无风险的。提取练习大概是学校使用最多的策略。可是，如果在高风险、充满压力的环境下做提取练习，效果会差一些。为了克服这一点，教师可以让提取练习成为常规的课堂活动，并且向学生解释背后的理由。我们建议教师不要使用提问计时器或排行榜，以免学生仓促作答。

运用交错学习时，一个常见的错误是一下子交错学习太多概念。学生可能会应付不过来，混淆了学习材料。同样，运用间隔学习时，在适当的时间去复习也是很重要的。由于在学习之旅之初，学生的遗忘率是最高的，因此，复习间隔时间不宜太长。

很多人关注认知负荷理论以后，很容易犯下一个错误，那就是以为负荷一定是越轻越好。其实，这项理论认为，要找到最佳负荷。负荷太低了，学生就会无聊；负荷太高了，学生的工作记忆就会应付不过来。“刚刚好”的金发女孩原则在这里是适用的。

培养元认知技能有个棘手的地方。有证据表明，应用到具体学科时，效果最好。这是因为每个学科都有自己独特的挑战和要求。要是教师为了提高学生的元认知，给出含糊不清、模棱两可的建议，效果是很有限的。最后，在双重编码方面，也就是结合两种不同形式的信息（图片和文字），如果图片和文字没有清晰的联系，就可能达不到预期效果。在这种情况下，反而增加了多余的信息，妨碍了学习过程。

我们怎样把这些研究成果付诸实践，是关键所在。了解到这些常见的错误之后，我们才能运用认知科学，做出更明智的判断，进一步提高教学与学习的效果。

罗森夏因教学原则

这些原则背后的研究及其在课堂上的重要性。

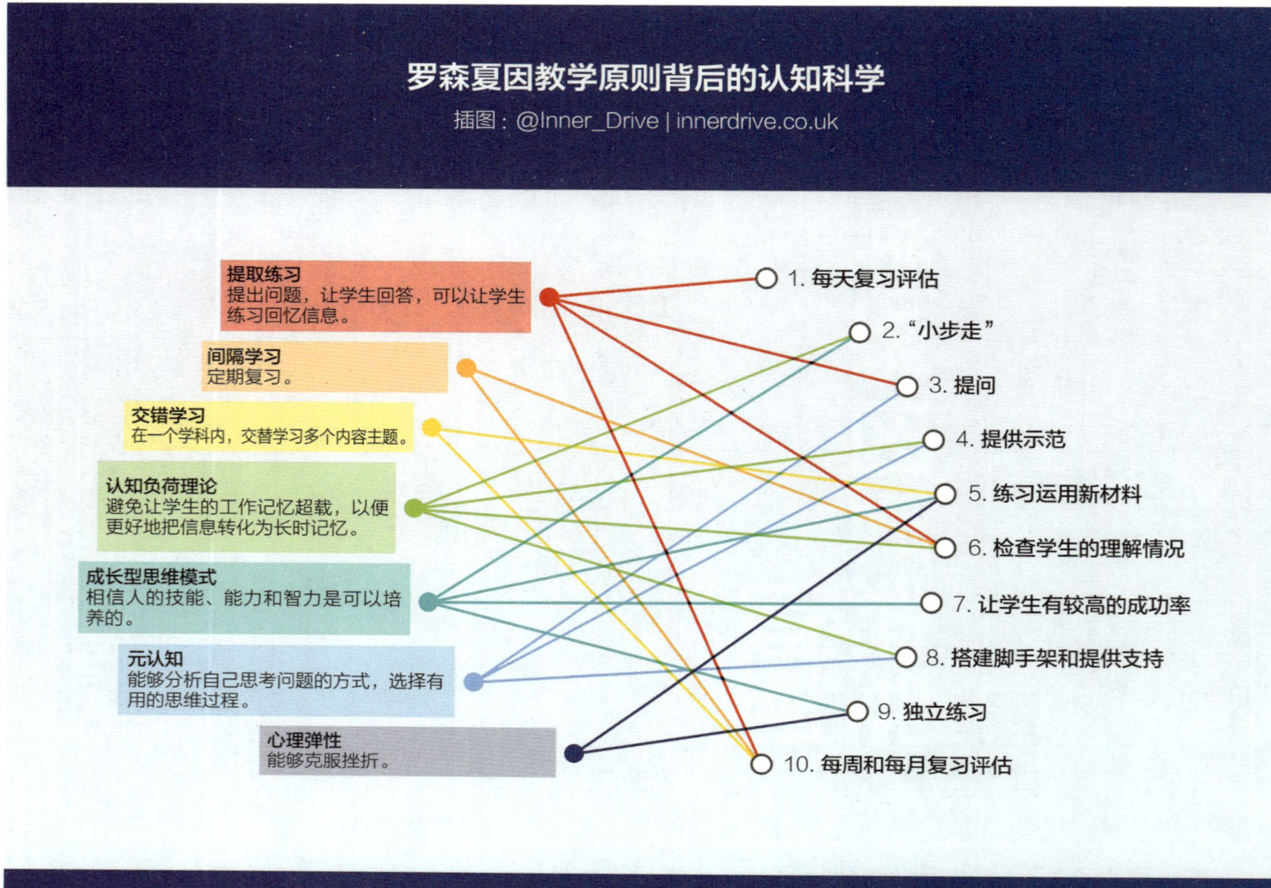
罗森夏因教学原则背后的认知科学
插图：@Inner_Drive | innerdrive.co.uk
提取练习
提出问题，让学生回答，可以让学生练习回忆信息。
间隔学习
定期复习。
交错学习
在一个学科内，交替学习多个内容主题。
认知负荷理论
避免让学生的工作记忆超载，以便更好地把信息转化为长时记忆。
成长型思维模式
相信人的技能、能力和智力是可以培养的。
元认知
能够分析自己思考问题的方式，选择有用的思维过程。
心理弹性
能够克服挫折。
1. 每天复习评估
2. “小步走”
3. 提问
4. 提供示范
5. 练习运用新材料
6. 检查学生的理解情况
7. 让学生有较高的成功率
8. 搭建脚手架和提供支持
9. 独立练习
10. 每周和每月复习评估

罗森夏因教学原则背后的认知科学

近年来，罗森夏因教学原则在教育界越来越受欢迎。这些原则为教师如何进行有效的课堂教学提供了一般指引和建议。同样，认知科学也成了教育实践的中流砥柱。这包括提取练习、间隔学习、认知负荷理论、元认知、成长型思维模式和心理弹性等理论。了解了认知科学，我们就可以更好地运用罗森夏因教学原则。

罗森夏因教学原则来源于研究和教学观察。许多年后，认知科学继续为“这些原则为何有用”提供框架和解释。例如，我们了解到提取练习背后的研究之后，就会明白为何要每天复习评估、提问、检查学生的理解情况以及每周 / 每月复习评估。同样，我们了解到认知负荷理论之后，就会明白小步走、提供示范和搭建脚手架为何重要。

认知科学（和教学本身）是错综复杂的，也相互关联，经常有多个领域相互重叠。因此，光是采用单一的干预措施，效果和效率很可能未如理想。我们往往需要考虑多项元素，考虑怎样把这些元素结合起来，为学习提供助力。

认知科学和罗森夏因教学原则都不是检查清单。并不是在一堂课上，把里面的元素用得越多越好。这是一份指引，是“成功率最高的方法”。同样，这并不能取代教师的判断，而是用于帮助教师做出更明智的判断。了解各项原则背后的研究，可以为教师提供助力。

每天、每周和每月复习评估为何重要

插图：@Inner_Drive | innerdrive.co.uk

1. **因为记忆会消退**——复习评估可以加强记忆

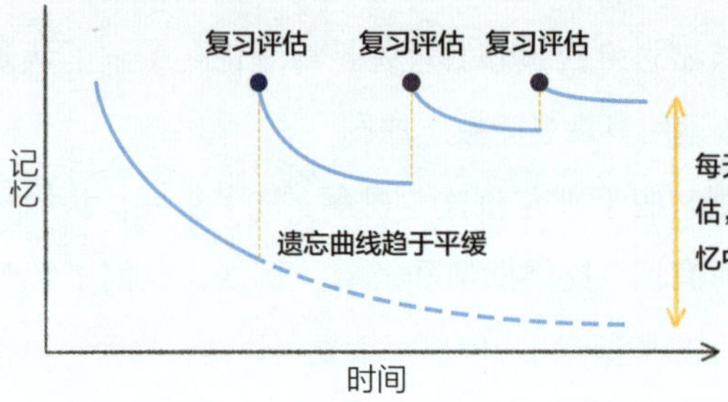

2. **因为学生会产生误解**——复习评估可以针对理解有误的地方

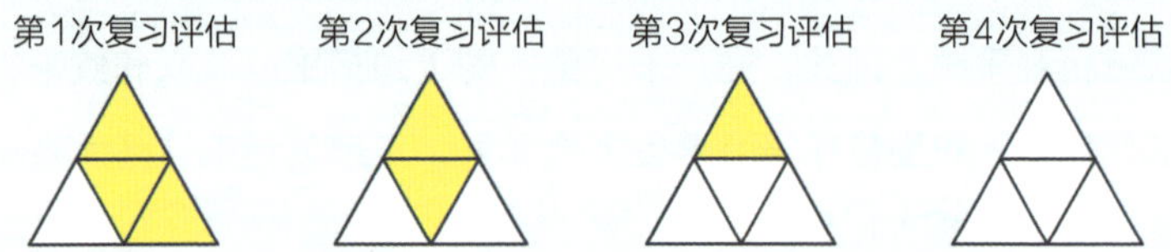

3. **因为记忆会改变**——复习评估可以加以纠正

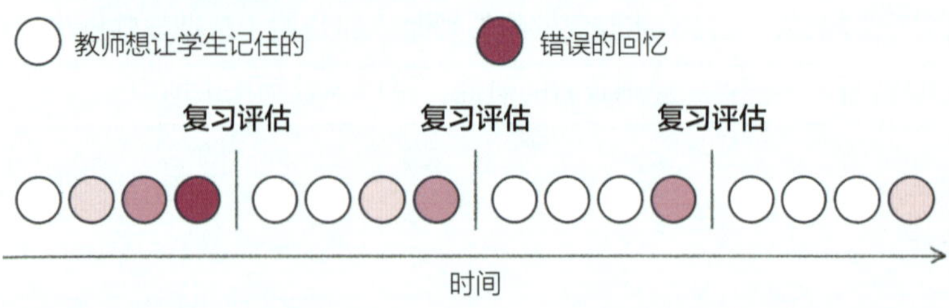

每天、每周和每月复习评估为何重要

复习评估是很重要的。在10项罗森夏因教学原则中，有2项都提到了复习评估（第1项原则是每天复习评估，第10项原则是每周和每月复习评估）。其重要性不容低估，究其原因有3点。这3个原因既相互独立，又彼此相关。

首先，学生遗忘的速度比我们希望的快得多（也往往比他们意识到的更快）。因此，有证据表明，定期复习评估有助于将信息储存到长时记忆中。每次复习评估，遗忘速度都会减缓。久而久之，这会产生加倍的学习效果，定期复习评估的学生与不定期复习评估的学生之间会形成鲜明的对比。

其次，复习评估可以针对具体的学习内容，帮助我们找到学生可能理解有误的地方。应该强调的是，罗森夏因并没有把“复习评估”和“测验”画等号。他提出，复习评估还包括批改作业，回顾学生用过的概念和技能。同样，他也鼓励教师叫学生把自己觉得困难的地方提出来，以便在这些方面为学生提供支持，勤加练习。

最后，记忆并不是固定不变的。记忆不是一个文件，不是把信息载入、储存起来，就万事大吉。大脑经常会改变和调整记忆。久而久之，错误的想法可能会浮现。因此，教师和学生一起定期复习评估，就可以检查学生有没有哪些地方记错了，如果有，就加以纠正。

有时候，对已经学过的材料做复习评估，感觉上好像是倒退了一步。尤其是在学生还有很多内容要学的时候，特别容易产生这种感觉。然而，复习评估并不是倒退，而是学习过程中至关重要的环节。

“小步走”为何有用

插图：@Inner_Drive | innerdrive.co.uk

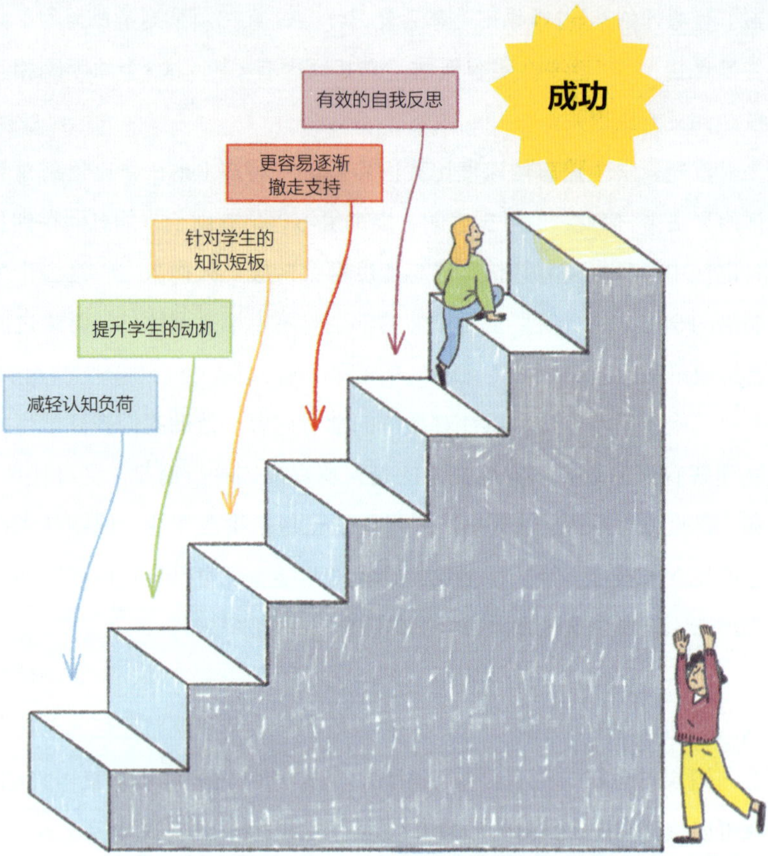

“小步走”为何有用

在这个课程知识丰富的年代，教师要讲授的内容有很多，“小步走”教学好像比较慢，与直觉相反。难道要讲授更多内容，教师不需要走得更快、步子迈得更大吗？认知科学研究得出的证据表明，不是这样的，原因有几个。

由于工作记忆很容易超载，要是教师一下子给学生灌输太多信息，学生会应付不过来，压力加大。教师以“小步走”的方式讲授新材料，可以让学生逐渐丰富自己的图式，减轻对工作记忆造成的负担。

同样，通过“小步走”教学，我们可以更准确地针对学习之旅的具体部分。例如，我们更容易查漏补缺，发现学生的知识短板。这样一来，我们就知道何时可以逐渐撤走为学生提供的支持。这也适用于学生自己。通过“小步走”学习，学生可以更准确地进行自我反思，知道自己当前掌握了哪些知识，优势和劣势何在。

“小步走”的最后一个好处，是可以极大地激励学生。过往成功是预测学生动机和信心的最重要因素之一。通过分解复杂困难的任务，以“小步走”的方式完成，可以让学生积累更丰富的成功经验。这样一来，他们需要提醒自己“我做得到”的时候，就可以从中汲取动力和信心。

要循序渐进地培养技能、积累知识，一开始需要投入大量时间，这个过程可能会让人沮丧。可是，这是为了确保学生熟练掌握材料，获得充足的动力和信心，久而久之，学习带来的好处就会大大增加。如果急于求成地“大步走”，学生可能无法成功地在新内容与原有知识之间建立联系，就很容易感到沮丧、充满压力，积极性受到打击。

“检查学生的理解情况”是最重要的罗森夏因教学原则吗

插图：@Inner_Drive | innerdrive.co.uk

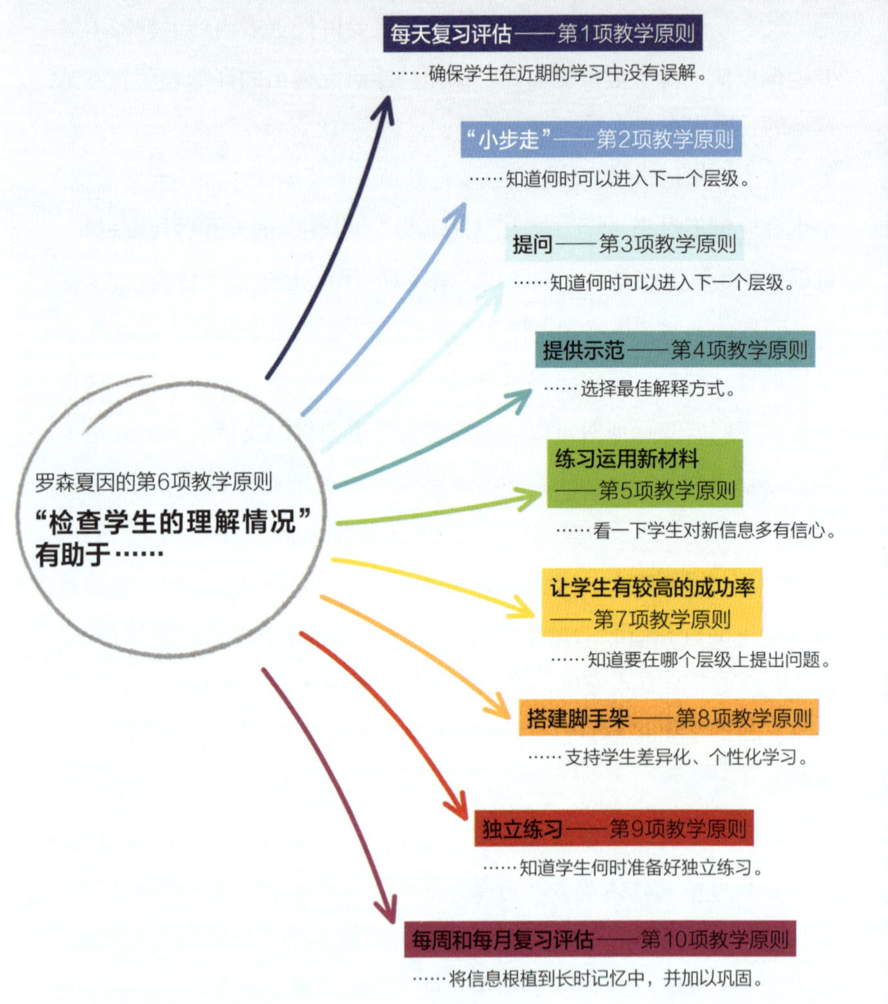

“检查学生的理解情况”是最重要的罗森夏因教学原则吗

在罗森夏因所有教学原则之中，我们认为“检查学生的理解情况”是最重要的。这是因为有了这项原则，其余9项才能有效实施，这是其他原则都不具备的特质。“检查学生的理解情况”是最基础的原则，决定了教师要向学生展示什么信息、何时展示以及如何展示。

如果你检查学生的理解情况时，学生答对了，你可以借此机会让学生解释和/或详细阐述，帮助学生在新知识和已经掌握的知识之间建立联系。如果学生答错了，你可以借此机会了解有哪些地方需要重新讲解或复习。“检查学生的理解情况”可以确保学生在此前的学习中没有误解，所以有助于每天、每周和每月复习评估（第1项和第10项原则）。其重要性在于，可以让学生把学过的知识记得更牢固；也可以让学生在学过的知识的基础上，学习新的信息。

同样，通过“检查学生的理解情况”，我们可以知道何时要运用下一个学习原则。这是运用“小步走”（第2项原则）、让学生有较高的成功率（第7项原则）和搭建脚手架（第8项原则）进行教学的奠基石。

至于第3项原则“提问”，与“检查学生的理解情况”这个概念绝对是密不可分的。教师在课堂上提问，目的有几个。一是激发学生的好奇心，二是集中学生的注意力，三是帮助学生提高学习效率。但最根本的是，提问可以检查学生的理解情况，为实现这几个目的服务。

通过定期检查学生的理解情况，教师不仅可以更好地了解到学生掌握了哪些知识，还能了解到他们对这些知识掌握了多少，认识有多深入。因此，这可以说是罗森夏因最重要的教学原则。

搭建脚手架和提供示范

插图：@Inner_Drive | innerdrive.co.uk

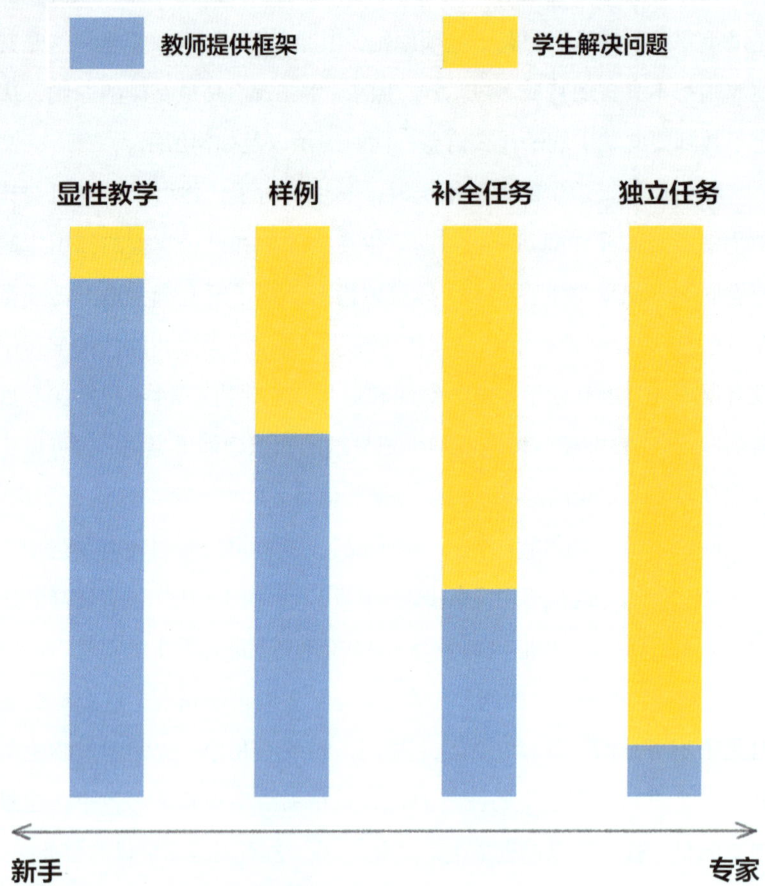

搭建脚手架和提供示范

学生在学习新信息或复杂的信息时，教师是怎样进行教学和提供信息的，会对学生的学习情况产生重要影响。这里涉及罗森夏因几项教学原则，包括提供示范、搭建脚手架、“小步走”教学，等等。

所谓“显性教学”，是指教师给予学生清晰、具体的指导，告诉学生怎样完成一项任务或作业。研究显示，这是很有效的教学策略，尤其是对于初学者来说。

在认知负荷理论框架之下，存在“知识反转效应”。这是基于这样一个理念：新手的学习方式与专家不同。对于新手来说，由于还没有高度发达的图式可以依靠，因此，学习新信息可能会让人望而生畏，有时还会应接不暇。反过来，专家掌握了基于图式的知识，不需要那么多外部支持，也能完成任务。如果除此之外，专家还得到了明确的指导，其个人图式和经验就会与明确的指导发生信息重叠。这意味着，专家需要额外的工作记忆资源，才能分辨使用哪些信息最好。这可能造成认知超载，导致学习过程减缓。

学生在积累知识之际，处于“新手”和“专家”之间的阶段，或许可以从“样例”和“补全任务”中获益。样例会逐步呈现解题步骤，帮助学生内化需要遵循的解题过程。同样，补全任务的难度会逐渐加大，随着学生逐渐积累知识和技能，帮助教师逐渐撤走为学生提供的支持。

与直觉相反的是，这一切都意味着，要让学生成为独立学习的专家，最好的方法并不是一开始就让他们做更多独立任务。在起步阶段，教师最好给学生非常明确的指导，然后随着学生逐渐积累知识，再慢慢地撤走为学生提供的支持。

成功和高期望

插图：@Inner_Drive | innerdrive.co.uk

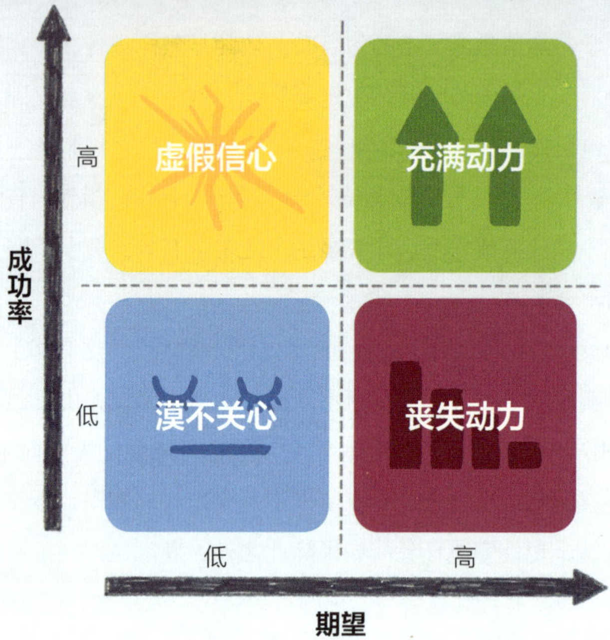

虚假信心

如果学生只在简单的任务中取得成功，在短期内会感觉良好，但由此得来的信心是脆弱的。

充满动力

如果在积极进取的学习氛围中，学生取得成功，动力就可以达到最佳平衡点。

漠不关心

如果课堂氛围懒散，学生又未能取得成功，很快就会变得满不在乎。

丧失动力

如果每个人都期望你做得更好，你却总是失败，你难免会心情沮丧，积极性受到打击。

成功和高期望

有时候，心理学研究会得出看似相互矛盾的结论。两个不同的领域单独来看，都提出了有用的教学策略。但合在一起来看，又好像相互矛盾。如何在高期望和实现高成功率之间取得平衡，就是这样的例子。

大量证据表明，如果教师对学生抱有高期望，学生往往会表现更好。这称为“皮格马利翁效应”。高期望的积极影响是双重的：一来学生会从教师对自己的态度中，感受到教师的期许，内化教师的信念；二来教师会对学生提出难度更大的问题。

此外，研究显示，要让学生学得更好，更有学习动力，我们应该让学生把一项任务的成功率做到较高水平，才去做下一项任务。例如，一项研究综述发现，为了达到最好的学习效果，教师在设计选择题测验时，把正确率控制在75%左右是最理想的。巴拉克·罗森夏因在其中一项教学原则中，也提出了类似的观点。这自然就得出了这样的教学方法：先让学生做简单的小任务，帮助他们取得成功；然后，随着学生的技能提升，逐渐加大难度。

可是，想要让学生实现高成功率，很容易就会走了样：教师把难学的内容简化，营造出“低期望”的文化。这又会产生“戈莱姆效应”，对学生成绩产生负面影响。所以，想要既维持高期望，又努力实现高成功率，殊非易事。

那么，怎样才能既维持高期望，又实现高成功率呢？我们认为，关键在于确保“高期望”的文化不会只关注结果，而是更关注行为和态度。此外，衡量成功的标准并非与他人做比较，而是是否实现了个人发展。

教师如何提问，才能更好地让学生回答

不同类型的问题，何时提问，如何鼓励学生回答。

为了检查学生的知识和理解情况，可以提出哪些类型的问题

改编自：利班（Lieban），2019 | 插图：@Inner_Drive | innerdrive.co.uk

事实性问题

“黑斯廷斯战役（Battle of Hastings）发生在哪一天？”

聚敛性问题

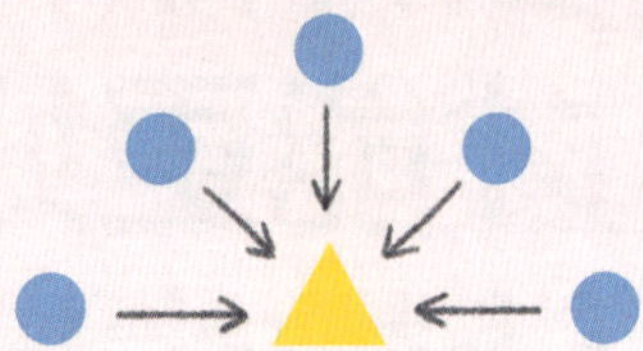

“征服者威廉（William the Conqueror）为何入侵英国？”

发散性问题

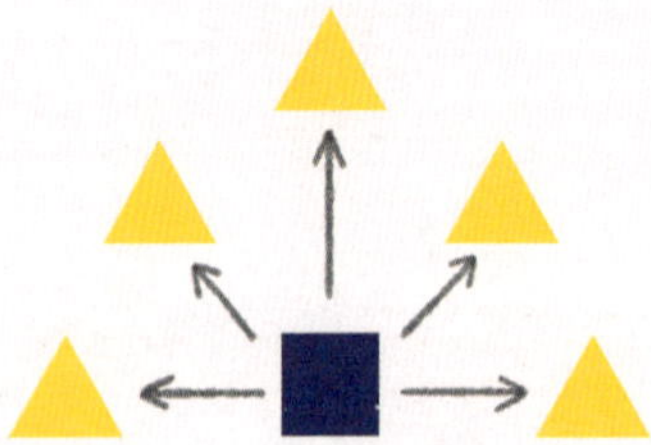

“如果征服者威廉没有入侵英国，会发生什么事？”

评价性问题

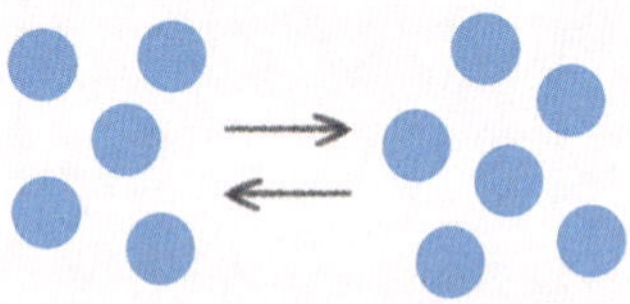

“威廉和恺撒（Caesar）对英国的入侵有何异同？”

为了检查学生的知识和理解情况，可以提出哪些类型的问题

在适当的时候提出适当的问题，可以帮助学生更好地掌握知识，检查学生的理解情况。“事实性问题”有明确的正确或错误答案。例如，“黑斯廷斯战役发生在哪一天？”就是事实性问题。这种问题的提问和回答都不费时，可用于帮助学生积累核心知识，最适用于学生新接触某个内容主题的时候。

“聚敛性问题”可能有多个“正确”答案，在一定的公认范围内都可以接受。例如，“征服者威廉为何入侵英国？”就是聚敛性问题。学生必须更努力思考，才能回答。这些问题有助于学生积累更广泛的知识，让学生在理解时联系更多背景资料，明白事情的微妙之处。

“发散性问题”要求学生进行更高层次的认知思考，类似假设性的“如果……那会怎样？”问题。严格来说，并没有正确答案。这样的问题是为了考查学生怎样运用知识基础，发挥想象，进行分析。例如，“如果征服者威廉没有入侵英国，会发生什么事？”就是发散性问题。发散性问题可能需要更长时间才能回答，讨论可能出现意外的走向。也就是说，教师会把一定的时间和控制权交给学生。

“评价性问题”是比较和对比的问题。例如，“威廉和恺撒对英国的入侵有何异同？”就是评价性问题。要回答好这样的问题，学生需要掌握多个不同领域的事实知识。这类提问也要求学生进行更高层次的认知思考，可以在分层次的深度提取练习中用作提示。

关键是在适当的时候提出适当的问题。教师除了要考虑问题的效果，还要考虑基础知识、可用时间、对讨论走向的把控等各项因素。

依据心理学原理，在课堂上提出问题

插图：@Inner_Drive | innerdrive.co.uk

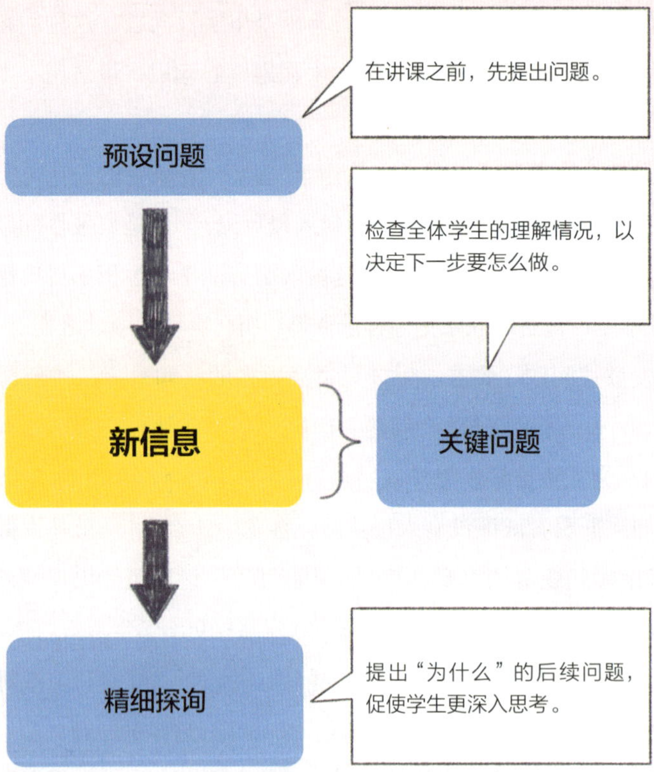

依据心理学原理，在课堂上提出问题

在适当的时候提出适当的问题，可以针对知识的具体元素，也能让教师了解学生的思维过程。问题可以达到不同的目的，包括激发学生的好奇心，检查学生的理解情况，与之前教过的内容建立联系，等等。

例如，教师提出预设问题，可以吸引学生的注意力，激发学生的兴趣。所谓“预设问题”，就是你在讲课之前，先提出问题。例如，你可以先问学生：“同学们觉得大西洋里有多少条鱼？”之后再讲授相关信息。有证据表明，这类问题可以提高学生的学习成效。等你讲到这部分内容，学生会觉得这是重要信息，更加留心听讲。

“关键问题”通常安排在一节课的中间，目的是评估学生迄今为止理解了多少内容。教师可以根据学生的回答情况，决定接下来要怎么做。在理想情况下，这应该是可以快速回答的简单问题，要求全班同学作答。

“精细探询”是你在讲授内容之后提出的问题，目的是帮助学生把当前内容与他们已经掌握的知识联系起来。这可以帮助学生建立联系，不仅可以巩固现有的知识，还可以帮助学生形成更丰富、更微妙的图式。例如，“为什么对X是这样而对Y不是？”就是精细探询。为了回答这类问题，学生必须提取他们对X和Y已经掌握的所有知识，努力思考两者的异同。这样一来，就可以帮助他们在长时记忆中巩固信息。

如何为点名提问营造温暖的环境

插图：@Inner_Drive | innerdrive.co.uk

提供理据

解释你为什么要点名提问。

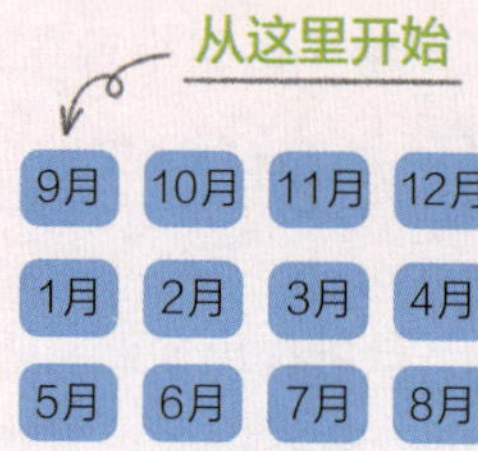

趁早做

养成学生参与的习惯。

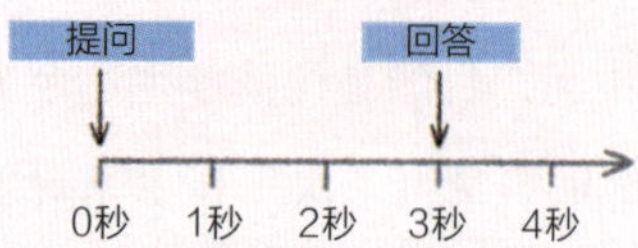

增加等待时间

让学生有更多时间思考，以免学生觉得措手不及。

“思考—分组—分享”

让学生放松心情，回答问题。

以鼓励的方式指出错误

减少学生对失败的恐惧，让学生不再谈“错误”色变。

运用积极的肢体语言

让学生觉得老师用心听自己说话，尊重自己。

如何为点名提问营造温暖的环境

近来，越来越多的教师对“点名提问”重新燃起了兴趣。所谓“点名提问”，是指教师不管学生有没有举手，都点名指定某个学生回答问题。这种提问方法之所以大受欢迎，可能是因为越来越多的证据显示提取练习很有好处，而点名提问有助于确保全体学生尝试提取信息。

有些人可能担心，点名提问可能会让学生觉得老师在“搞针对”。学生回答不上来，可能会感到尴尬，认为自己是受害者。但研究发现，学生越是参与点名提问率高的课堂，对此就越能放松心情，对在课堂上发言的恐惧感越少。

要有效地点名提问，必须为此营造温暖的环境。有证据表明，教师及早解释清楚为什么要点名提问，可以帮助学生做好回答问题的心理准备。

要有效地点名提问，教师需要给学生充分的机会去思考，然后回答问题。因此，等待时间是很重要的。所谓“等待时间”，是指教师提出问题，留给学生思考问题的时间。同样，“思考—分组—分享”等活动也有帮助。在这种活动中，学生先是有时间自己思考，然后把自己的答案告诉搭档，最后再与全班同学分享答案。

教师点名提问之后，如果学生回答错误，该怎么办呢？教师既要避免打击学生的积极性，又要避免虚假表扬，以免学生觉得自己受到愚弄。有用的策略包括：突出说明哪些方面答对了，以鼓励的方式指出错误；请其他同学在初始答案的基础上进一步详细阐述；运用开放积极的肢体语言。

点名提问和等待时间的力量

创作者：道格·莱莫夫（Doug Lemov）和卢克·泰勒（Luke Taylor）
插图：@Inner_Drive | innerdrive.co.uk

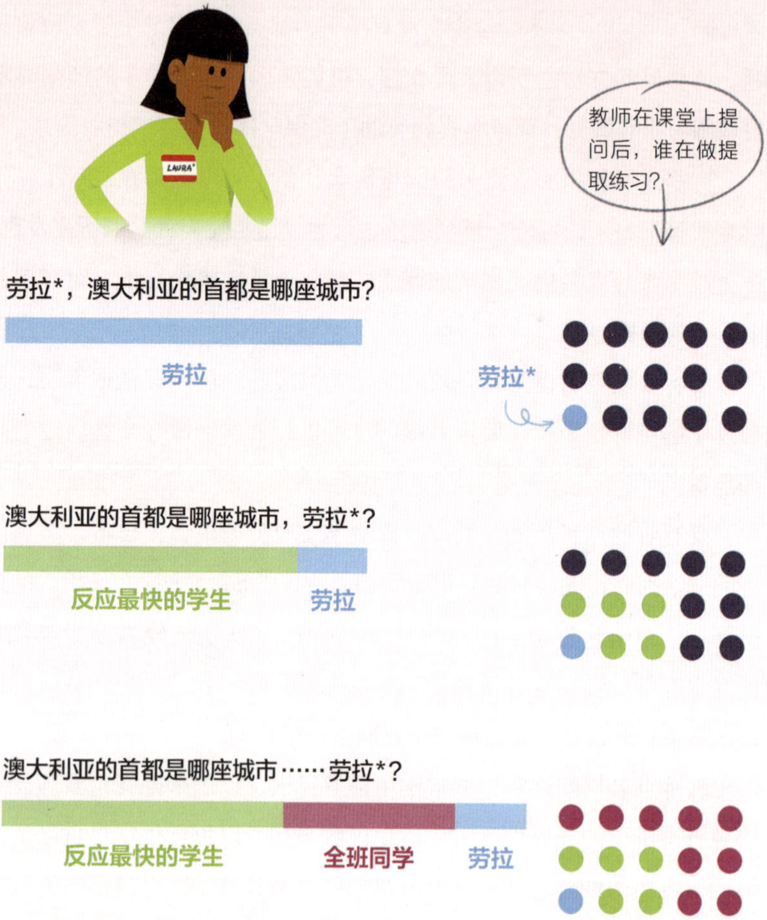

*可以替换成其他名字

点名提问和等待时间的力量

在适当的条件下（低风险），提问可以促进学生学习。因此，我们要认真思考这些问题要如何表达，怎样安排问题结构才是最好的。

但点名提问时，怎样才算“好的问题”呢？这幅图描述的3种方式存在细微却又重要的差异，会对全班同学的学习情况产生重要影响。如果我们在问题开头就告诉学生这个问题是问谁的，就等于在不经意间告诉其他人，他们不用回答，不必费心去想了。其他同学不必回忆信息，也就错过了提取练习的好处。事实上，很可能只有劳拉会从中获益。

反之，如果我们在问题最后才说出劳拉的名字，其他同学就有更多时间去回想答案。尽管教师随后没有选中他们，他们还是参与了提取练习。这意味着劳拉和其他同学都有更长的思考时间。

教师提问可以有很多策略，点名提问是其中一项。这种方法有好处，但绝非唯一的提问方法。教师应该在适当的时间、适当的场合去运用。如果学生都是新手，还没有掌握基础知识，这种方法可能效果要差一些。这是因为在点名提问时，教师一次只能检查一个学生的理解情况，可能无法察觉其他同学理解有误的地方。

教师的等待时间和其他耗时极短的事情

插图：@Inner_Drive | innerdrive.co.uk

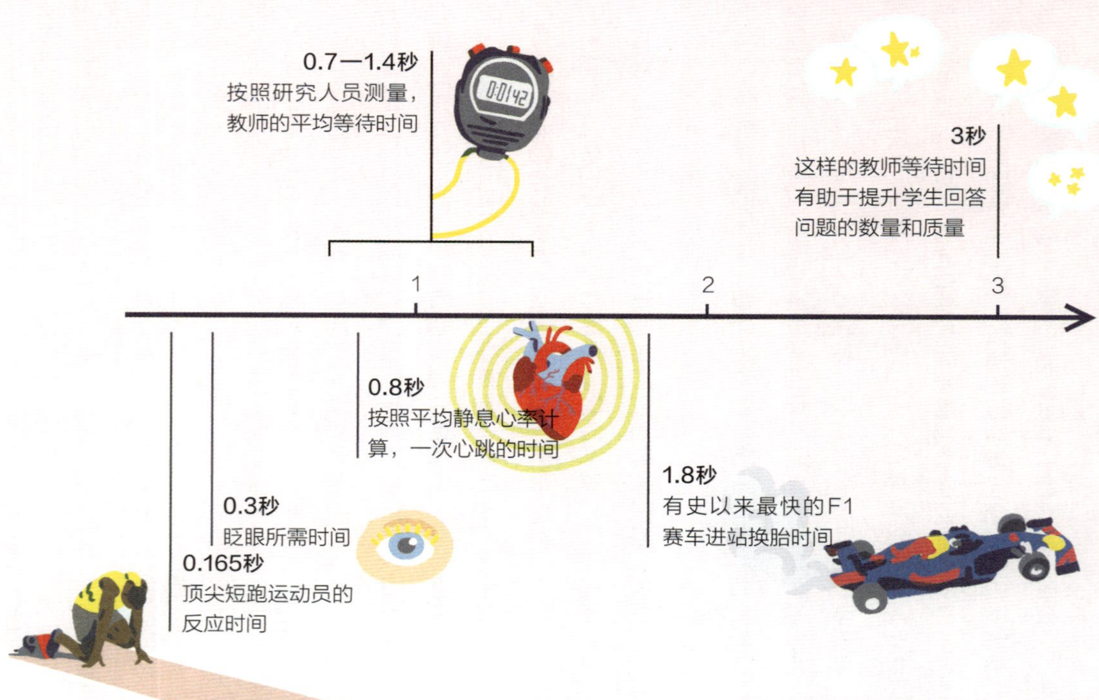

教师的等待时间和其他耗时极短的事情

所谓“等待时间”，是指教师提出问题，留给学生思考问题的时间。好的等待时间可以让学生参与更深入的提取练习，学习收获更大。遗憾的是，究竟最佳等待时间是多长，并没有一刀切的答案，具体要视乎许多因素而定，包括是什么类型的问题、学生已经掌握了多少知识，以及提问的目的是什么。

我们不知道理想的等待时间是多长，但知道等待时间太短的弊端。这包括学生丧失动力，索性放弃；粗心错误增多；学生不去认真思考，瞎猜答案。最后一个问题比较严重。如果学生答对了，你不知道他们究竟是真正掌握了知识，还是蒙对的，也就不知道究竟要重新讲解相关内容，还是可以往下讲。

有些研究论文发现，教师的平均等待时间在0.7—1.4秒。这比一次心跳的时间长一点点，比F1赛车进站换胎时间短一点点。在此情况下，学生多半只会给出脑海中浮现的第一个答案，而未必是他们能给出的最好答案。

有一项研究考察了如果教师等待至少3秒，会发生什么事。研究人员发现，学生回答的数量和质量都有所提升，回答“我不知道”的学生有所减少。这并不是说2.9秒就是坏的，3.1秒就是好的。但值得思考的是，要留出多少等待时间，才足以提高课堂回应率，又不会让反应最快的学生丧失动力。有时候，在我们等待的时间里，感觉上好像比实际上过了更久，也可能会有些尴尬，但这种做法有望帮助学生学得更好。

如何“思考—分组—分享”

创作者：杰米·克拉克（Jamie Clark）| 插图：@Inner_Drive | innerdrive.co.uk

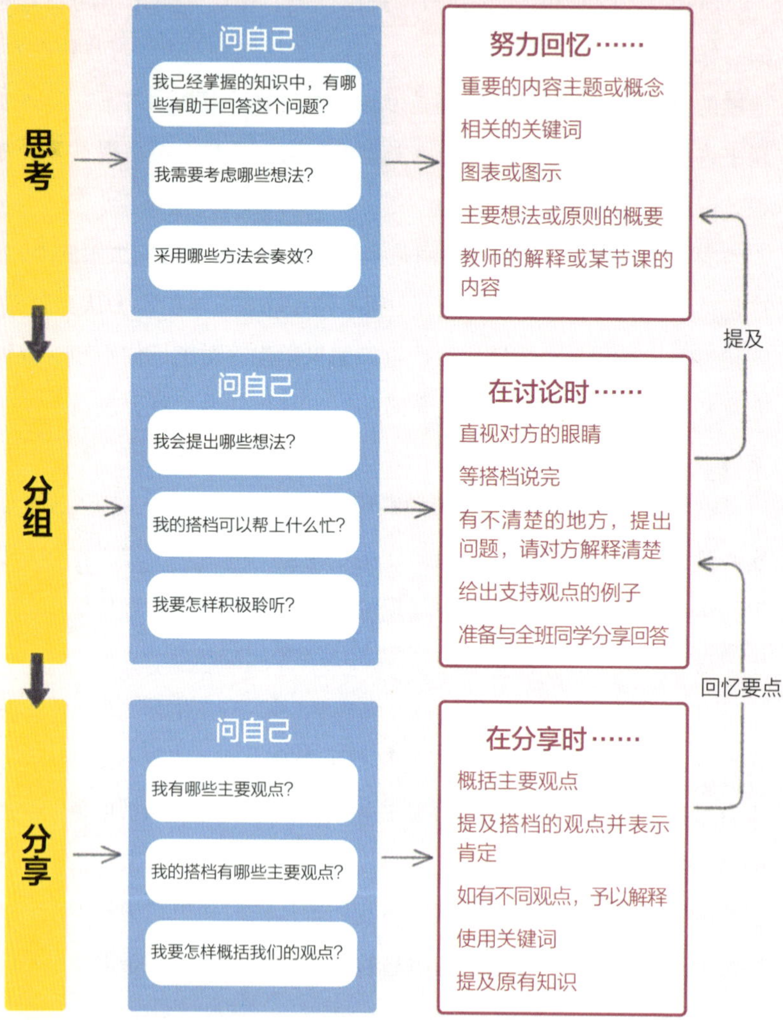

如何“思考—分组—分享”

近年来，“思考—分组—分享”这种教学方法越来越受欢迎。这种方法可以非常有效地帮助学生更好地参与深入的提取练习，提升沟通能力，更积极地与同学一起参与课堂讨论。

提取练习绝大部分是在“思考”环节进行的。如果我们希望学生有效参与提取练习，就必须在这个环节给他们充足的时间。这意味着给他们时间去思考自己能给出的最好答案，而不是光说出脑海中浮现的第一个答案。为此，教师可以让学生对自己提出元认知问题，把新内容与之前学过的内容联系起来。

“分组”环节有3个主要目的。首先，让学生向搭档解释自己的想法，可以促使他们厘清和组织自己的想法。其次，同一组的学生相互学习，可以完善答案。最后，学生先与搭档（才一个人）分享自己的想法，再与全班同学做分享，就不会那么紧张。

最后是“分享”环节。在这个阶段，学生总结主要观点，给全班同学讲述。他们用自己的话来表达，有助于大脑的深层次加工，实现“真实性学习”（authentic learning）。这有助于教师检查学生的理解情况，发现学生理解有误的地方并加以纠正，强调学生说对的要点。

有许多策略可以帮助学生思考并回答我们提出的问题，“思考—分组—分享”是其中一项。教师要留意发现学生理解有误的地方，避免扩散，并为每个环节留出充足的时间。这样一来，学生既做了提取练习，又能锻炼口头表达能力，一举两得。

反馈

何时、如何使用反馈，支持学生的学习和进步。

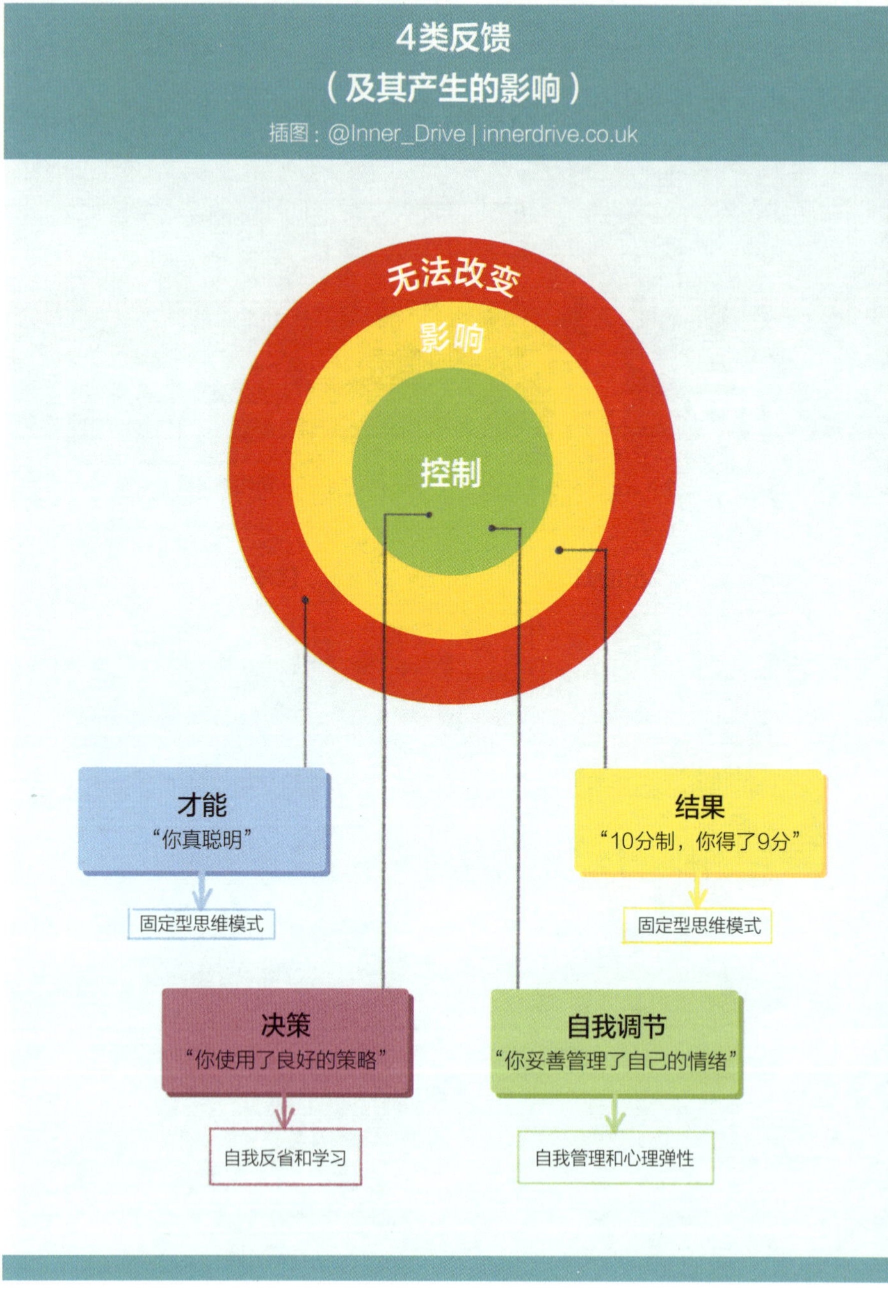
4类反馈
（及其产生的影响）
插图：@Inner_Drive | innerdrive.co.uk
无法改变
影响
控制
才能
“你真聪明”
固定型思维模式
结果
“10分制，你得了9分”
固定型思维模式
决策
“你使用了良好的策略”
自我反省和学习
自我调节
“你妥善管理了自己的情绪”
自我管理和心理弹性

4类反馈（及其产生的影响）

给予反馈可能是一把“双刃剑”。处理得好，这是帮助学生学得更好的最有效方法之一。许多研究人员发现，建设性反馈是极其强大的工具，可以促进儿童的社会、道德和智力发展。

但也有其他研究发现，38%的反馈干预弊大于利。也就是说，假如这些学生没有得到任何反馈，表现反而会更好。有时候，我们想要给予鼓励和帮助，学生却很容易理解成评判和批评。因此，适当地给予反馈是很重要的。

研究人员把反馈分成了4类。未必是某一类一定比其他类型更好，而是要视乎具体情况做适当的选择。这4类反馈是：关于个人的反馈、关于任务结果的反馈、关于流程的反馈和关于自我调节的反馈。

关于个人的反馈（“你真聪明”）是高风险的。在短期内，学生可能会感觉良好；但长远而言，这并没有告诉学生可以在哪些方面加以改进，所以，并不能有效促进学生学习。在许多人看来，这是他们无法改变的。

如果学生对学习任务有错误的理解，关于任务结果的反馈通常是有效的。关于流程的反馈涉及学生为了完成任务所采取的策略和做出的决策，可以起到提示作用，促使学生寻求更多的信息，进行深度学习。之所以能发挥这样的作用，是因为这是学生下一次可以主动控制的地方。

最后，关于自我调节的反馈也是学生可以在一定程度上控制的，对于初学者来说相当有效。

为了寻求反馈可以提出的3个关键问题

插图：@Inner_Drive | innerdrive.co.uk

1. “我的目标是什么？”

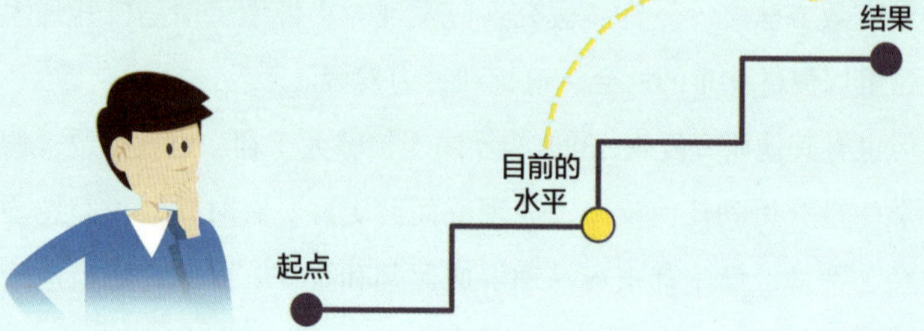

2. “我取得了怎样的进展？”

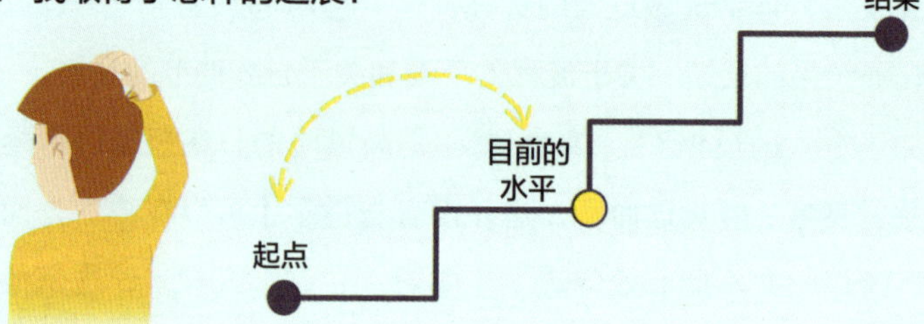

3. “下一步做什么？”

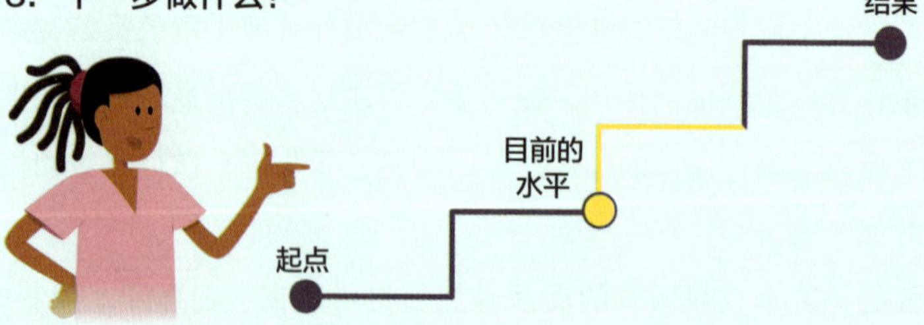

参考文献：*Hattie & Timperley, 2007*

为了寻求反馈可以提出的3个关键问题

心理学家、诺贝尔经济学奖得主丹尼尔·卡尼曼说过："要培养出真正的专家直觉，需要长期就犯下的错误获取良好的反馈。"太多时候，反馈的责任好像落在了给予反馈的人肩上，而不是获取反馈的人肩上。但要让反馈发挥最积极的作用，学生必须积极主动地寻求反馈。这意味着他们要学习如何提出好的问题。

研究人员海伦·蒂姆伯雷和约翰·哈蒂就"反馈"发表的研究，深得我们喜爱。他们提出了为了从反馈中学习，应该提出（和回答）的3个很好的问题："我的目标是什么？""我取得了怎样的进展？""下一步做什么？"

"我的目标是什么？"是一个"以终为始"的问题，可以发挥强大的力量。这可以帮助学生弄清楚自己要朝着哪个目标努力，为此集中精力。这也像是隧道尽头的曙光，可以增强学生的动机，在学生遇到困难挫折时发挥重要作用。

"我取得了怎样的进展？"可以帮助学生监测和衡量自己取得的进展。这是自我参照的问题（以自己的过往表现作为参照标准），有助于提高心理弹性、自我调节和坚毅品质等领域的表现。

"下一步做什么？"让学生确定下一步要采取哪些具体行动。这会减少怀疑、困惑和模棱两可的感觉。知道接下来要采取哪些具体行动，能极大地激励学生，也让学生为自己的行动承担起责任，日后可以就此展开对话。

这3个反馈问题并不是详尽无遗的清单，而是一个基准和提示，可以在此基础上展开进一步对话。

何时给出反馈

插图：@Inner_Drive | innerdrive.co.uk

你是要告诉学生他们是答对了还是答错了，还是要总结他们的表现，告诉他们要怎样改进？

对／错

学生很可能会对这个反馈产生消极情绪反应吗？

- **是** → 即时反馈，但要在学生回答后稍等一下，例如在课程结束时。
- **否** → 很快给出反馈。

总结表现

你的目的是激励学生继续做这项任务，还是让学生加深对学习材料的理解和记忆？

- **激励** → 当天给出反馈。
- **加深理解** → 这个反馈是比较简单、大脑可以自动加工的，还是比较复杂、大脑加工起来比较费劲的？
  - **简单** → 当天给出反馈。
  - **复杂** → 延迟反馈，从第二天到一周后不等。

何时给出反馈

究竟何为“即时反馈”，何为“延迟反馈”，不同的研究人员给出了很不一样的定义。这也让“究竟即时反馈和延迟反馈哪个更好”的争论更为复杂。鉴于这两类反馈都缺乏明确的时间界定，这也就难怪大家对“哪个更好”观点不一。

遗憾的是，关于“哪个更好”的问题，并没有简单清晰的答案。正如大多数研究（还有教学与学习）一样，答案充满了微妙之处、限定条件和注释说明。这是因为即时反馈和延迟反馈可以满足不同的目的。

我们可以大致上把反馈分为两类：纠正性反馈和评估性反馈。所谓“纠正性反馈”，是指我们告诉学生他们是答对了还是答错了。所谓“评估性反馈”，是指我们告诉学生他们表现如何，在哪些地方可以做得更好。一般来说，教师最好快速给出纠正性反馈，帮助学生继续把任务做好，避免加深误解。评估性反馈通常涉及更多反思，可以等到尘埃落定了才提供。

教师还要考虑学生从事的任务需时有多长。任务需时越长，给予延迟反馈的好处可能就越大。这是因为针对需时较短任务给出的反馈，大脑多半可以轻松地自动加工；而需时较长的任务多半需要更详细的反馈，大脑加工起来比较费劲。

最后一点要考虑的是，学生在不同时候得到反馈会有何反应，在一定程度上受到其个性的影响。有些学生可能对即时反馈产生消极反应。例如，教师在纠正错误答案时，他们会感到沮丧、难过，产生心理防御。在此情况下，建议教师在学生回答后稍等一下再给出反馈。这样一来，学生就可以更平静地思考和处理教师给出的反馈。

大脑讨厌的4种感觉

插图：@Inner_Drive | innerdrive.co.uk

大脑讨厌的4种感觉

为什么面对反馈，有些学生老爱抬杠，而有些学生会虚心接纳并采取行动呢？这部分是由于大脑讨厌的一种或多种感觉被触发了。大量研究发现，有效的反馈是促进学生学习的最有效工具之一，因此，这个问题值得深思。

大脑讨厌的4种感觉包括不公平、不确定、失控和地位下降。如果学生误解了我们的反馈，由此产生了这些感受，就很可能会产生心理防御，不屑一顾，为争辩而争辩。这4种感觉源自戴维·罗克博士（Dr. David Rock）提出的SCARF模型[①]，但分别得到了多个领域研究的支持，包括对失败的恐惧、思维偏差和情绪调节。除此之外，很可能还有其他感觉会让情绪敲响警钟，但这4种感觉是比较基础的。

要让学生接受反馈，关键是要理解每个学生最有可能产生哪种感觉。例如，如果学生有强烈的公平感，又觉得教师这次的反馈与之前的反应不一致，就会感到沮丧。同样，如果学生很需要确定感或控制感，可预测性就是关键。如果学生关心的是地位，那么，如果教师公开给出负面反馈，学生就更有可能抗拒。

从大脑讨厌的这些感觉可以看到，为什么面对同样的反馈，两个不同的学生会产生截然不同的反应。因此，良好的师生关系是很重要的。你越是了解学生，就越能够因应学生的情况做出调整。

① 包含地位感（status）、确定感（certainty）、自主感（autonomy）、联结感（relatedness）和公平感（fairness）。

动机和心理弹性

如何帮助学生在一年里保持学习积极性，培养心理弹性。

营造有利于培养学生心理弹性的环境

插图：@Inner_Drive | innerdrive.co.uk

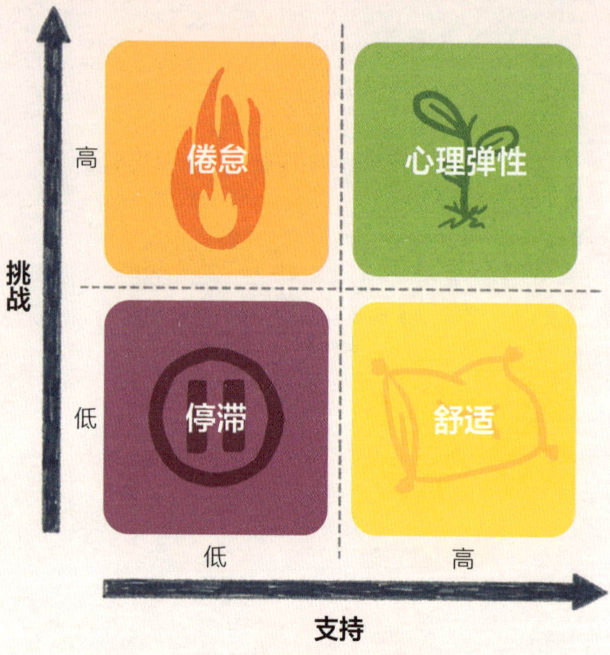

倦怠

压力很大，心情十分沮丧。这是难以为继的，会造成倦怠。

心理弹性

如果学生既要面对挑战，又得到支持，就可以培养心理弹性，茁壮成长。

停滞

好像什么事也没有发生。学生充其量是原地踏步。

舒适

这种状态感觉舒服，但最终往往不会让学生取得优异表现。

参考文献：*Fletcher and Sarkar, 2016*

营造有利于培养学生心理弹性的环境

在教育界，“心理弹性”可能正成为最热门的话题。从幸福感到应对考试压力，再到独立学习，“心理弹性”用于探讨一系列的行为和领域。许多海报、大会和“个人、社会、健康与经济教育”（PHSE）课程上，都出现了这个术语的影子。可是，其背后的研究还是不那么为人所知。

在可能是这个课题最重要的研究论文里，研究人员探讨了要营造有利于培养学生心理弹性的环境，哪些因素会有帮助。他们归结为两点：挑战和支持。挑战水平是指任务有多难，环境要求有多高。支持水平是指学生觉得自己得到了多少支持。

在挑战水平低、支持水平也低的环境中，学生会陷入停滞，原地踏步。左上角的方框特别值得留意：要是提高挑战水平，却不提高支持水平，学生会感觉到压力、焦虑，最终陷入倦怠。这样的环境把学生逼得太紧，是难以为继的。在挑战水平低但支持水平高的环境中，人感觉非常舒适。学生感觉很不错，很安心、安全。但我们必须承认，在这种环境下，学生不太可能取得优异表现。

有证据表明，要营造有利于培养学生心理弹性的环境，挑战水平要高，支持水平也要高。这有助于确保学生努力取得进步，参与难度适宜的任务，同时知道自己会得到支持，所以心理上有安全感，不怕失败。

培养心理弹性是很难的。这不只是一句漂亮的口号，也不只是“相信自己”。这是扎根于文化的。在挑战水平高、支持水平也高的环境中，学生最有希望改进这一关键特质。

何为对失败的恐惧

插图：@Inner_Drive | innerdrive.co.uk

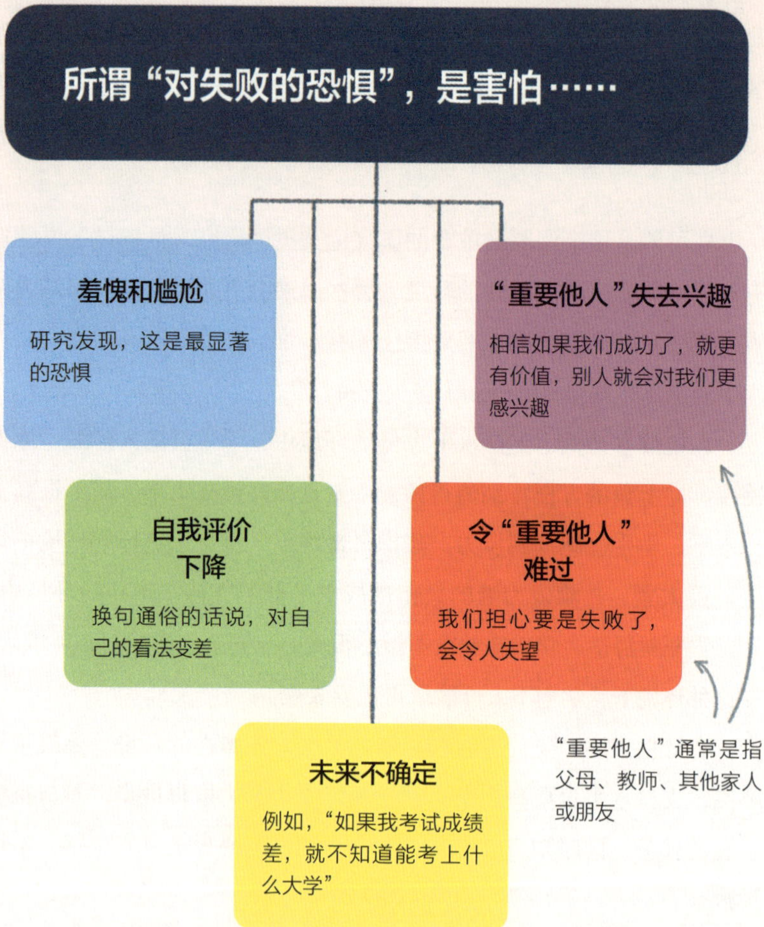

参考文献：*Conroy et al, 2001*

何为对失败的恐惧

学生害怕的，往往不是失败本身，而是失败带来的负面影响让他们感到压力。在商界、体育界和教育界，有越来越多的相关研究。有趣的是，对许多学生来说，这似乎是一个日益严重的问题。

大量研究发现，学生要是非常害怕失败，往往会比较悲观，自尊偏低，回避具有挑战性的任务，甚至会作弊。这些学生往往也有完美主义倾向，应对策略欠佳，例如会对问题视而不见，妄想问题自动消失。一个人害怕失败，可能害怕的地方主要有5点，分别是：羞愧和尴尬，被迫重新调整对自己的看法，担心不确定的未来，令“重要他人”难过，以及“重要他人”失去兴趣。

许多研究发现，最害怕失败的人，往往是出于对羞愧和尴尬的恐惧。这也很正常。按照定义来说，人是社会性动物。没有人希望因为自己失败了而遭到别人嘲笑，或者为此感到尴尬。因此，在私底下失败，引起的情绪共鸣往往比在公开场合失败要低得多，两者是很不一样的。此外，大量研究显示，青少年对社会排斥比成年人更敏感，也更看重社会地位。这也就难怪，许多学生最害怕的，莫过于羞愧和尴尬。

正是由于害怕羞愧和尴尬，有的学生不敢举手回答问题，怕要是答错了，会遭到同学嘲笑。这些学生很容易内化这样的信念：努力是不“酷”的。如果一个学生非常害怕失败，就肯定会觉得努力却失败了是不“酷”的。为了帮助学生克服这样的障碍，我们要保持警惕，如果看到有学生在同学失败后嘲笑对方，要加以制止。有时候，嘲笑者以“说笑”为幌子，这种现象特别值得提防。

如何克服拖延症

插图：@Inner_Drive | innerdrive.co.uk

75% 的学生认为自己有拖延症

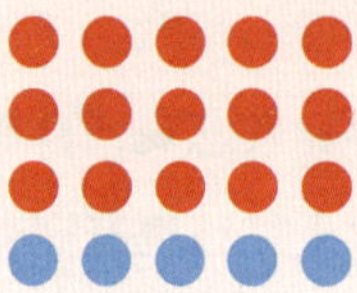

拖延症的特征：

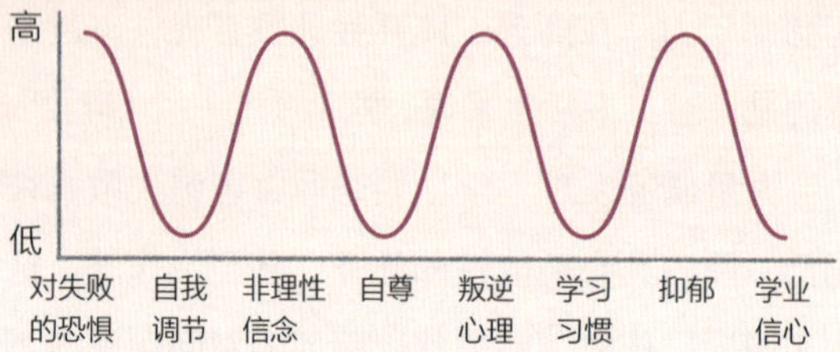

克服拖延症的策略

1. 屏蔽潜在干扰

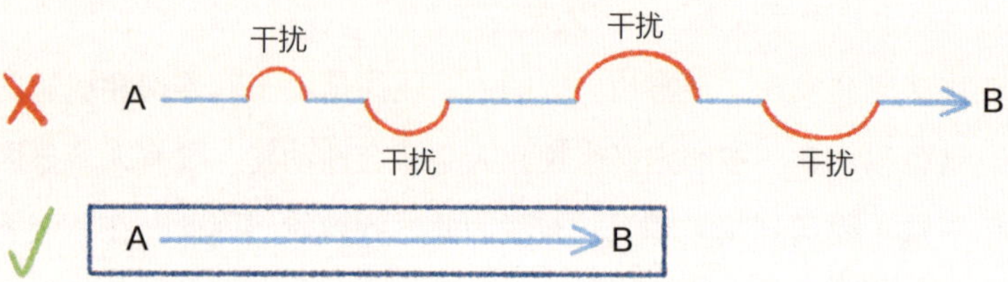

2. 预留充足的时间

学生觉得一项任务需要多长时间

这项任务实际上花了多长时间

两者的差距称为“计划谬误”

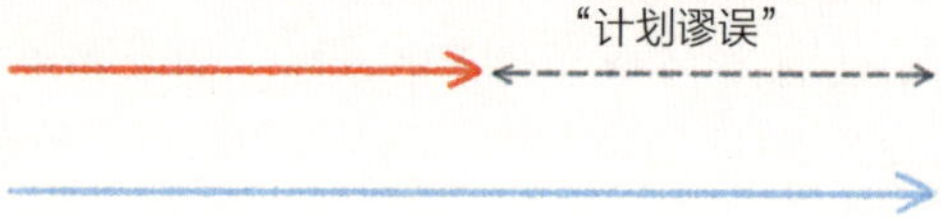

3. 就开始做任务吧

开始做任务是最难的部分，但也是最重要的部分

蔡格尼克效应（Zeigarnik Effect）发挥作用，帮助你完成任务

如何克服拖延症

威廉·詹姆斯(William James)被誉为“美国心理学之父”。他曾经说过：“没有什么比永远有一个未完成的任务悬在那里，更让人感到疲惫不堪的了。”考虑到有研究显示，75%的学生认为自己有拖延症，这一点着实令人担忧。

学生为什么会拖延？不同的人有不同的理由。有证据表明，最爱拖延的学生往往具备以下特征：自尊偏低，学业信心偏低，自我调节能力偏低，非常害怕失败，抑郁，具有叛逆心理。在短期内，拖延症或许是有好处的，可以帮助他们逃避任务失败的前景（不做就不会失败）；但长远而言，这种“自我设限行为”使得他们最担心的事情更有可能发生。

拖延的原因不一，克服拖延症的策略也不一样。比起努力加强自我控制，尽量减少干扰大概要容易一些。眼不见，心为净。少了干扰，学生的拖延症就有望得到缓解。

计划谬误的理念认为，人们往往会低估完成任务需要的时间，这也会引发拖延症。有证据表明，通过让学生反思之前完成类似任务所花费的时间，预测在完成任务时可能遇到什么障碍，或许能帮助学生更准确地预测任务所需时间。

同样，光是开始做一项任务，或许就成功了一半。“开始”这个动作会产生动能，有助于促进学生做出积极行为。“蔡格尼克效应”指出，人开始做一项任务之后，会处于认知紧张状态，等到任务完成后才能消除。这意味着，光是开始做一项任务，就有助于改善记忆和动机，因此，我们应该鼓励学生去开始。

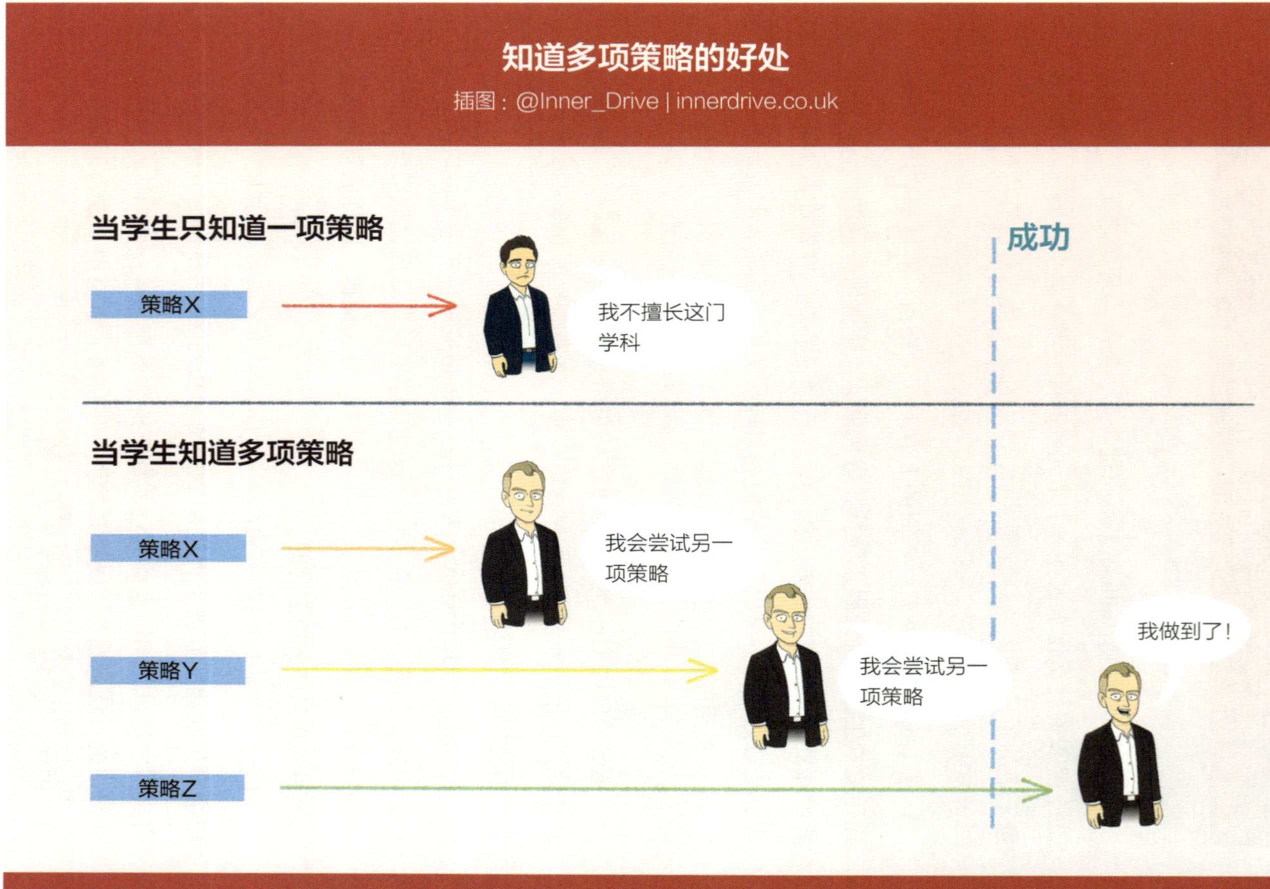
知道多项策略的好处
插图：@Inner_Drive | innerdrive.co.uk
当学生只知道一项策略
策略X
我不擅长这门学科
成功
当学生知道多项策略
策略X
我会尝试另一项策略
策略Y
我会尝试另一项策略
策略Z
我做到了！

知道多项策略的好处

教导学生多项策略，可以帮助他们提高动机、心理弹性和自我调节能力。如果面对一个问题，学生只知道一个解决方法，那么如果 / 当这个方法不奏效，学生就可能把这项策略的成效欠佳，当成自己没有能力学好这门学科，将来在这门学科上也不会取得什么成就。于是，学生就会把自己放在自我限制的框框里，例如觉得“我不是学数学的料”。

这样一来，他们就会进入心理学家所说的“习得性无助”（learned helplessness）状态。在这种状态下，学生觉得自己无能为力，控制不了整个局面，失败是必然的。于是，他们会早早放弃。在这种思维模式下，他们感到失望，很快又转化为怨恨，最终会转化为懈怠。长远而言，这样的学生很可能非常害怕失败，自尊偏低。

如果面对一个问题，学生知道多个解决方法，那么一个方法行不通，他们就换下一个。这就是“心理弹性”的本质：遇到挫折了，也不会丧失动力，而是知道下次要换个方法。光是想要做得更好、取得成功，是不够的；重要的是，要掌握达成这个目标所需的工具和策略。

在教导学生解决一个问题的多项策略时，有很重要的一点需要注意，那就是不要急于求成。如果教师一下子把多项策略灌输给学生，就会造成认知超载，特别是在学习之旅起步阶段，最好不要这样做。教师的目标一定是长远而言，慢慢地让学生积累知识，掌握这些策略，并加以应用。

沃森矩阵

插图：@Inner_Drive | innerdrive.co.uk

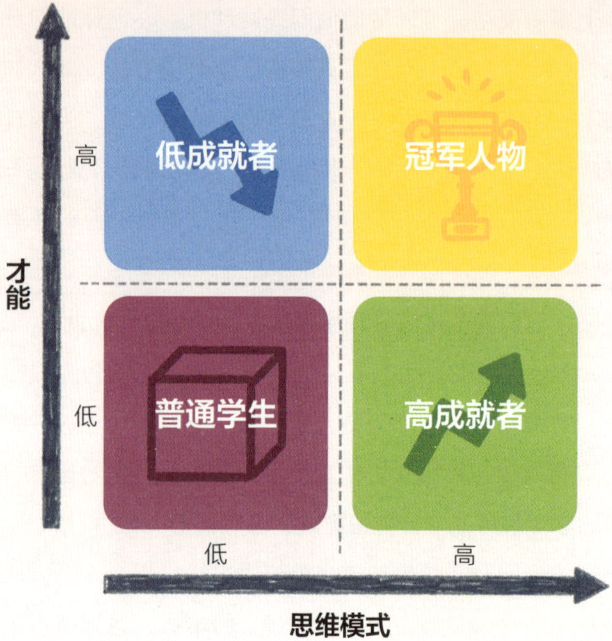

低成就者

学生做出自我破坏行为，做出不明智的决策，因此未能发挥潜在才能。

冠军人物

学生具有出众的才能，同时秉持不断自我提升的绝佳思维模式，因此能够取得真正优异的成绩。

普通学生

学生没有多少才能，学习态度又差，所以很难取得良好表现。

高成就者

学生付出努力，从错误中学习，因此取得了比预想中更好的成绩。

沃森矩阵

“沃森矩阵”（Watson Matrix）是我们在英纳德公司设计的第一幅图，旨在向学生解释才能和思维模式的相互作用会对一个人的成功产生什么影响。在“沃森矩阵”中，“才能”是指你的天赋、智力、智商，基本上就是你与生俱来的特质。这主要是遗传的，由你的DNA决定。而“思维模式”是指你的态度、职业道德、乐观精神，以及从挫折和错误中学习的能力。这基本上是你怎样运用自己的才能。

我们见过有些学生陷入了“才能迷思”，以为这是决定自己成功还是失败的唯一因素（“我这么聪明，不需要努力”“我这么笨，不管怎么做，这次考试都会不及格”）。

同样，要是说只有“思维模式”才重要，也不够坦诚。我们知道，遗传因素总会与之相互作用，扮演一定的角色。这幅图可以提醒学生，决定一个人成就的绝非全是才能，也绝非全是思维模式。然而，一个人最能控制的，是自己的思维模式，这是由我们每天做出的一个个不起眼的选择组成的。

我们经常向学生强调，不一定要把目标定在进入右上角的方框。在教育（和生活）中，我们要做的是进入右边的方框。这样一来，学生就可以尽量发挥自己的潜力，有时还能取得自己原本以为不可能取得的成功。

当然，这个模型是简单化的。我们知道，运气和际遇等因素也很重要（事实上，这应该是第三个轴）。这幅图表是不完整、不全面的。但正如所有好的图表一样，这可以让人展开讨论，以方便快捷、清晰易懂的方式总结想法。

为学习做好准备

对学习情况构成影响的隐藏因素。

手机对学生的负面影响

灵感源自：卡尔·亨德里克 | 插图：@Inner_Drive | innerdrive.co.uk

美国

参考文献：Bjornsen & Archer, 2015

不管过去的学业成绩如何，上课经常使用手机都会对学生的考试分数产生负面影响。

英国

参考文献：Beland & Murphy, 2016

在禁用手机的学校，学生的GCSE（英国普通初级中学毕业文凭）考试成绩有所提高，尤其是"低成就"的学生。

西班牙

参考文献：Beneito & Vicente-Chivirella, 2020

在禁用手机的学校，学生的数学和科学成绩有所提高，校园欺凌现象有所减少。

巴西

参考文献：Felisoni & Godoi, 2017

平均而言，每多用100分钟手机，学生的班级排名都会大幅下降。

挪威

参考文献：Guldvik & Kvinnsland, 2018

在禁用手机的学校，校园欺凌现象有所减少。

印度

参考文献：Bhatt et al, 2017

大学生使用手机的时间越长，睡眠质量越差。

南非

参考文献：Porter et al, 2015

在过去12个月里用过手机的学生中，55%在手机上遭遇过网络欺凌。

尼日利亚

参考文献：Adeleke, 2017

多用手机与学业成绩下降之间具有相关性。

中国

参考文献：Liu et al, 2020

平日每天使用手机2小时以上，周末每天使用手机5小时以上，会导致学生的数学和英语成绩下降。

马来西亚

参考文献：Ng et al, 2017

学生使用手机的时间越长（即使是出于学习目的），平均成绩就越差。

澳大利亚

参考文献：Winskel et al, 2019

学生使用手机的时长与成绩之间存在负相关关系。

手机对学生的负面影响

当前世界上确实存在手机危机。研究发现，使用手机太多，会导致一个人集中注意力的能力下降，睡眠质量变差，睡眠时长缩短，压力加大，对错过的恐惧也会加剧。从图中的数据可以清楚地看到，手机上瘾的问题有多严重。

在教学与学习领域，不管我们探讨什么政策（尤其是技术相关的政策），都必须提出这样的问题："我们有多大的信心，相信这项政策会提高学生的学习效果？"而论及在课堂上使用手机的相关政策，也不例外。诚然，如果我们能够确保进行细致入微的管理，不能完全排除利大于弊的可能性；但现在有大量证据表明，在课堂上使用手机会导致学习滑坡。除此之外，还涉及人文关怀、幸福感、安全保障方面的忧虑，以及实际和后勤方面的问题。

鉴于很多学生长时间使用手机，离了手机就浑身不自在，我们需要看一下他们用手机来做什么。"手机"也叫"移动电话"，但这是名不副实的。事实上，"电话"是学生用得最少的功能之一。研究发现，学生用手机，大量时间是用于浏览社交媒体、打游戏和偷看色情作品。这种现象令人忧虑，也不容忽视。这不只是一个"移动电话"。从这个角度来看，学生长时间玩手机、离不开手机的现象，就更令人担忧。

看左页图所列数据，应该不会有人得出学生应该多用手机的结论。相反，学校可以提供一个"安全港"，让学生放下手机，暂停"随时在线"的状态。如今，许多学生早晨醒来第一件事就是看手机，睡觉时也习惯把手机放在枕边。有鉴于此，在课堂上禁用手机或许是一项审慎的政策，值得探索。

设计精彩的幻灯片

插图：@Inner_Drive | innerdrive.co.uk

1. 让学生把注意力集中在重要信息上

最后，你可以看这里

先看这里

然后看这里。

看完了亮色突出显示和加粗的大字，再看这里。

---

2. 避免多余的信息

删掉句子中 ~~你不需要~~ 的多余文字。

---

3. 要使用图片的话，图片要够大，让人看清楚

赫尔曼 · 艾宾浩斯

1850年1月24日，艾宾浩斯生于德国巴门。

他是德国心理学家，以研究记忆而闻名，发现了遗忘曲线。

他在1909年2月26日逝世。

赫尔曼 · 艾宾浩斯

· 生于1850年1月24日

· 德国心理学家，研究记忆

· 发现了遗忘曲线

· 在1909年2月26日逝世

设计精彩的幻灯片

幻灯片最早在1984年面世，微软在20世纪90年代初首次推出。其设计的宗旨并不是为了教学与学习服务，而是在简短的商务会议上用作简报工具。如今，教师也在课堂上大量使用幻灯片，但教师很少接受怎样使用幻灯片的培训。正因如此，很多教师使用幻灯片的方法背离了设计者的初衷。研究人员也发现，错误的使用方法不利于学生记住信息。理查德·梅耶（Richard Mayer）教授以他在认知负荷理论方面的研究而闻名。他曾经说过："面对科学研究成果，我们必须从根本上改变思维方式。目前，教师使用幻灯片的习惯并不符合学生的学习方式。我们不能再任由教师维持这样的习惯，而指望学生艰难地调整适应。"

由于人的注意力和工作记忆的容量是有限的，教师必须让学生把注意力集中在幻灯片上最重要的信息。这称为"提示结构原则"（Signalling Principle）。为此，标题应该是清晰、加粗的大字，也可以使用副标题。同样，教师应该删除多余的文字，为学生减轻视觉负荷。教师不应该把幻灯片当成脚本，照本宣科；而应该视之为提示，由此展开讲授细节。如果确实需要为学生提供大量信息，建议把讲义打印出来，发给学生。

根据多种媒体原则（Multimedia Principle），学习者同时使用图片和文字进行学习，所获得的学习效果比仅从文字中学习的效果要好。但如果要使用图片的话，图片要够大、够突出。不然的话，就只是杂乱无用之物。图片必须与关键内容相关。否则，就可能会让人分心（详见前文所述的"一致性效应"）。

“一心多用”的弊端

插图：@Inner_Drive | innerdrive.co.uk

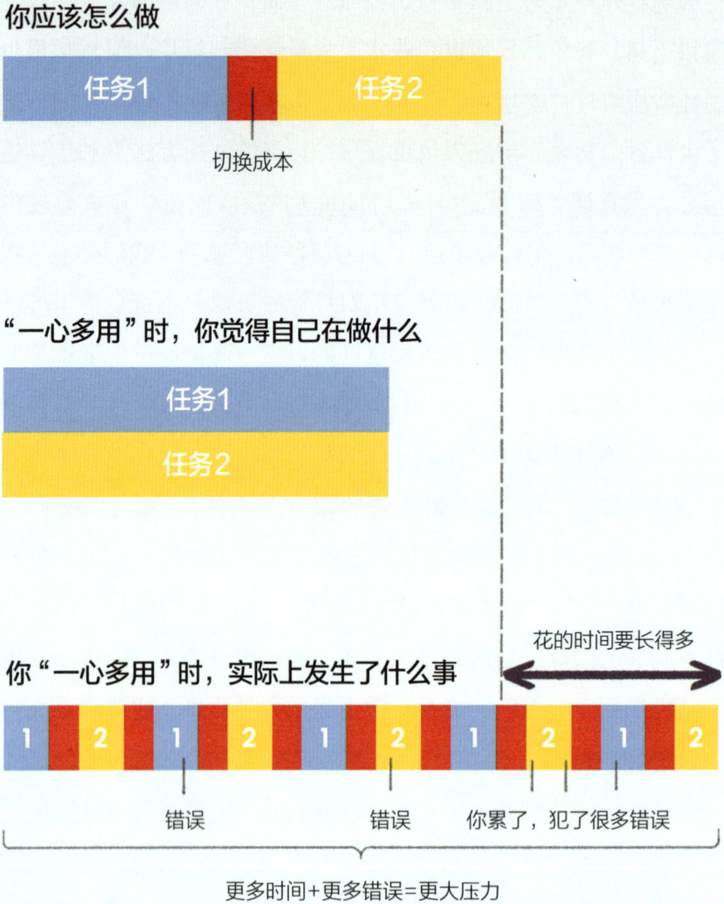

“一心多用”的弊端

“一心多用”是个神话。换句话说，意识的多任务处理是个神话。每当你要做两项需要集中注意力的不同任务，你都需要在这两项任务之间进行切换，而这个过程需要耗费时间和精力。这会产生3个影响：压力变大，表现变差，犯下更多错误。

大多数学生觉得自己在“一心多用”时，实际上只是飞快地在多项任务之间切换。由于注意力分散，这会产生额外的认知负荷，带来更大压力。频繁地切换任务会让人手忙脚乱，让心理资源负担过重，这个过程会让人筋疲力尽。

需要强调的是，我们的学生生活在一个干扰无处不在的年代。可悲的是，许多学生做作业时，身边会有很多东西造成打扰。他们玩着手机，浏览器开着无数个选项卡，听着音乐，放着影视节目，边做作业边瞄上几眼。

奇妙的是，研究发现，最爱“一心多用”的学生，“一心多用”的能力反而最差。也就是说，他们往往更容易分心，难以过滤不相关的干扰信息。此外，研究还发现，大约70%的学生觉得自己“一心多用”的能力在平均水平以上。综合这几点可见，这个问题或许比许多人意识到的更大。

学生分散注意力，或许是想要寻求舒适的感觉。但不可否认的事实是，为了准确起见，最好先做完一件事，再做下一件事。要是学生声称（a）自己可以“一心多用”，（b）这会让自己学得更好，那只是自欺欺人。

如何使用康奈尔笔记法

插图：@Inner_Drive | innerdrive.co.uk

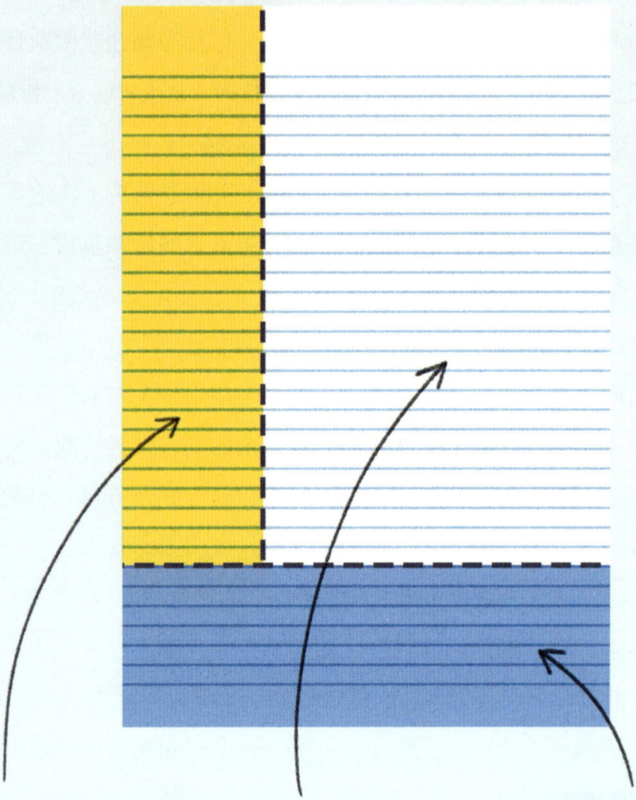

1. “线索”栏
   - 关键词
   - 提问
   - 学习提示

2. “笔记”栏
   - 记笔记
   - 概括概念

3. 总结
   - 回顾学到的内容

参考文献：*Pauk, 1962*

如何使用康奈尔笔记法

康奈尔笔记法（Cornell Note Taking Method，又称“5R笔记法”）是沃尔特·波克（Walter Pauk）发明的。20世纪50年代，他任职于康奈尔大学（Cornell University）。这个方法面世已经有70多年了，但近期的研究发现，还是可以有效地帮助学生。

要使用康奈尔笔记法，学生需要把一页纸分成三部分。其中包括两个纵列。左列较窄，约占宽度的30%；右列较宽，约占宽度的70%。左边写关键词/问题，右边写笔记的正文。

底下是横向的一栏，学生在此总结回顾学到的内容。这是这个方法的重要功能，让学生把学过的关键点联系在一起，与之前学过的内容建立联系。在课后或放学后这样做，学生还可以趁着还没忘记学过的内容复习笔记，从间隔效应中获益。

究竟康奈尔笔记法会对学生的学业成绩产生多大的直接影响，研究人员是有争论的。但这确实可以提供清晰的结构和提示，帮助学生更好地记笔记。有证据表明，要是学生记笔记时，逐字逐句地把老师说的话写下来，大脑加工信息会比较浅层。要是学生不得不用自己的话总结学习内容，就会更努力思考内容，更有效地将内容内化。

康奈尔笔记法还有一个好处，那就是为进一步的提取练习奠定基础。写下一个关键问题清单，不仅可以帮助学生日后凭记忆复制笔记，还可以帮助学生进行自测，改进提取练习。

座位表背后的心理学

插图：@Inner_Drive | innerdrive.co.uk

好的座位表会帮助学生[1]……

……避免走神，更专注于手头的任务。

……做出更多有助于学业的行为。

……与同学建立更好的关系

根据以下标准选择座位表：

任务的性质

个人任务还是**小组任务**？

教师想让学生做出的行为

专注还是**讨论**？

“秧田式”座位排列方式

更有利于维持秩序，让学生独立完成任务

- 营造更安静的环境
- 干扰更少，学生更专注
- 对于有特殊教育需要的学生来说，可以让他们更多地从事任务，减少扰乱秩序的行为。[2]

“小组式”座位排列方式

更有利于小组协作

- 学生更多地参与“头脑风暴”
- 更有利于小组任务
- 鼓励学生提出更多问题，帮助他们就某个内容主题学得更快

✗ 不要让学生自己选择座位。

学生往往会选择坐在朋友旁边。比起老师指定座位，这会造成多得多的干扰。[3]

✓ 要让后进生坐在勤奋的同学旁边。

从众效应（Bandwagon Effect）：如果旁边的人在努力学习，即使做的是不同的任务，你也往往会更努力学习。科勒效应（Köhler Effect）：令人惊讶的是，优等生往往会对后进生起到帮扶作用，而后进生不会拖累优等生。

✓ 要让容易分心的学生坐在更专注的同学身后。

如果一个学生的视线范围内有专心致志的同学，往往就会记更多笔记，对老师讲课内容记忆更深。[4]

参考文献：① *Wannarka & Ruhl, 2008* ② *Wheldall & Lam, 1987* ③ *Bicard et al, 2012* ④ *Forrin et al, 2021*

座位表背后的心理学

你知道吗？研究发现，如果让学生自己选择座位，学生扰乱秩序的行为是老师指定座位的两倍。还有其他研究发现，好的座位表可以帮助学生更专注于手头的任务，在需要帮助时更有可能求助，也会与同学建立更好的关系。

究竟要采取“秧田式”还是“小组式”座位排列方式，是教师要做出的重要决定。有证据表明，要是采取“秧田式”排列法，环境更安静，干扰更少。同样，另一项研究发现，采取“秧田式”排列法，可以帮助学生集中注意力，减少扰乱秩序的行为，可能有利于有特殊教育需要的学生。然而，要是采取“小组式”排列法，则更有利于学生参与“头脑风暴”和小组任务，也会促使学生提出更多问题。

不管是“秧田式”还是“小组式”，在决定谁坐在谁旁边时，需要考虑一个有趣的心理学现象。一系列研究发现，如果教师策略性地安排座位，让一个学生坐在专心致志或努力学习的同学旁边，这个学生就更有可能积极向同学看齐。这类似于从众效应（我们会改变自己的行为，朝着与群体大多数人一致的方向变化）。

同样，根据科勒效应，两人或以上共同完成一项任务时，较弱成员的个人表现要比其单独完成任务时更好。这意味着较弱成员的水平得以提高，而不是较强成员的水平下降。

座位表显然会对课堂文化、行为和习惯产生显著影响。这不是一门精确的科学，需要依靠教师的判断。不过，心理学研究有望帮助教师做出更明智的决策。

所有教师（尤其是高级领导）都需要知道的

决定干预措施时需要考虑的关键因素。

如何安排时间

插图：@Inner_Drive | innerdrive.co.uk

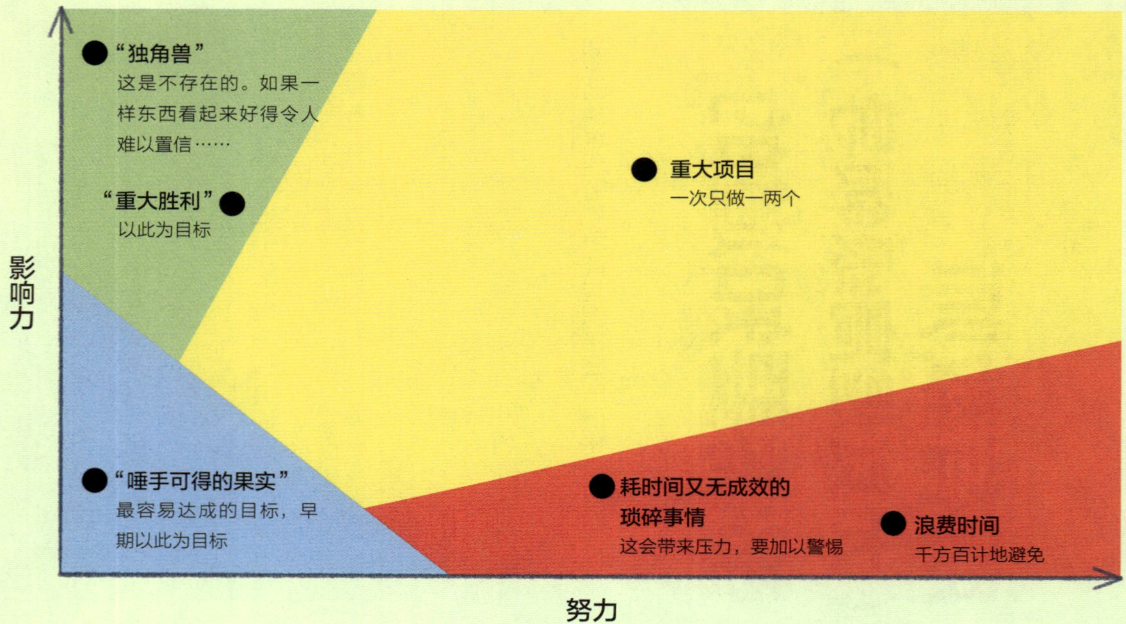

如何安排时间

时间是教育上最宝贵的资源。很多时候，我们都觉得时间永远不够用。资源这么有限，我们必须善加利用。每项决策、干预措施和策略都有机会成本。这幅图与著名的艾森豪威尔矩阵（Eisenhower Matrix，又称“四象限法则”）有异曲同工之处，为我们如何安排时间提供了框架。

那些需要你付出很大努力、影响力却不大的策略，充其量是“耗时间又无成效的琐碎事情”，甚至是浪费时间。这些策略会带来无谓的压力，应该千方百计地避免。这些策略还会给人一种进步的错觉，实际上只是原地踏步，让人产生挫败感，陷入倦怠。

反之，那些几乎不需要你付出任何努力却又能产生重大影响的策略，大概是不存在的（所以，我们称之为“独角兽”）。至于“唾手可得的果实”和“重大胜利”，影响力与努力程度之比还不错。“唾手可得的果实”有助于开一个好头，形成良好的势头；而“重大胜利”可以带来显著的改变。在起步阶段，这些策略都是很值得去做的。

“重大项目”需要你付出很大努力，又能产生显著影响。你必须为此设定清晰的愿景、策略，最重要的是，要花时间去制订计划。因此，你一次只能做一两个。要是一次做得太多，多半会降低每个项目的质量，导致影响力下降。

有时候，究竟某个项目处于这幅图中的什么位置，我们很难事先推断。这在很大程度上是靠猜的，要碰碰运气。要更准确地判断，最好反思一下此前做过的类似任务，也可以向许多值得信赖、拥有不同知识背景的人士征询意见。

相对年龄效应

插图：@Inner_Drive | innerdrive.co.uk

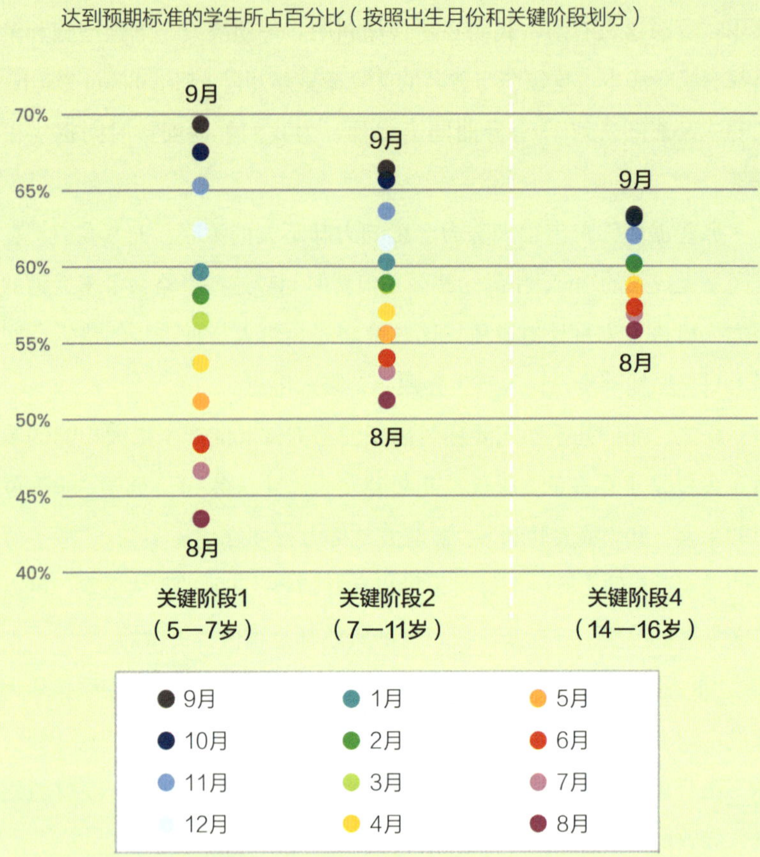

参考文献：*FFT Education Datalab, 2017*

相对年龄效应

“相对年龄效应”指的是，在同一年级中较为年长的那些孩子往往有着更优异的表现。多个不同的领域都对此做了广泛的研究，尤其是在体育界和教育界。

这幅图的内容最早由教育数据实验室（Education Datalab）发布。图中展示了在关键阶段1（5—7岁）、关键阶段2（7—11岁）和关键阶段4（14—16岁），达到预期标准的学生所占百分比（按照出生月份划分）。看这幅图，有两点非常突出。

一是在关键阶段1，9月出生的学生与8月出生的学生之间存在重大差异。以年龄为基准，超过25%的差异是极大的。值得考虑的是，学生到了哪个年龄，别人会给他们贴上标签（聪明、悟性强、有天赋和才能）。其实，我们是不是在很大程度上把“智力”与“年龄”混为一谈呢？特别是在年幼的孩子身上，这种现象特别明显。

这样的研究结果重要性何在？如果在学业成绩上，年幼的学生总是比不上较为年长的同学，又不知道是为什么，这可能导致这些年幼的学生对自己产生负面的自我认识，觉得自己不够聪明，所以学业表现才比较差，而这又会引发“自我实现的预言”。

二是，好在随着年龄增长，最年长的学生与最年幼的学生之间的差距会缩小。这大概是由于作为分母的“年龄”越大，作为分子的“年龄差”较之所占的百分比也就越小，于是，“智力”和“付出努力”所占的分量也就越大。其他研究得出的证据表明，若干年后，按照考上大学的比例来计算，这个差距会变得更小。

所有教师（尤其是小学教师）都需要知道的

会对学生的早期学业产生重大影响的教学与学习策略。

数数的科学

插图：@Inner_Drive | innerdrive.co.uk

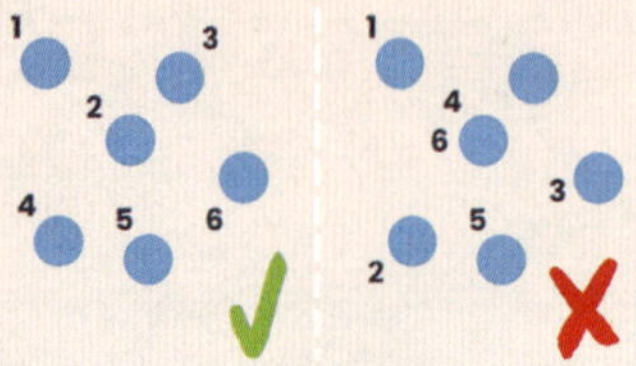

一一对应原则

一个集合中的物体必须且只能点数一次。

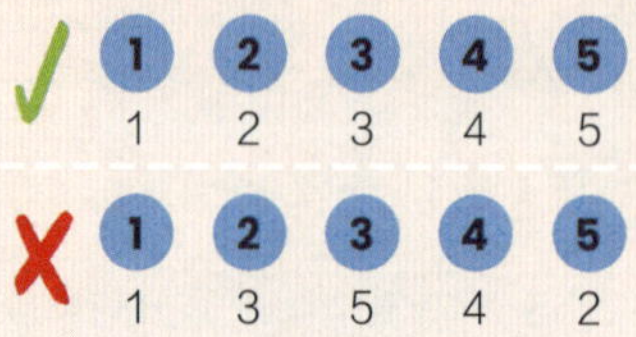

固定顺序原则

数数时，每次说出的数词顺序是一样的。

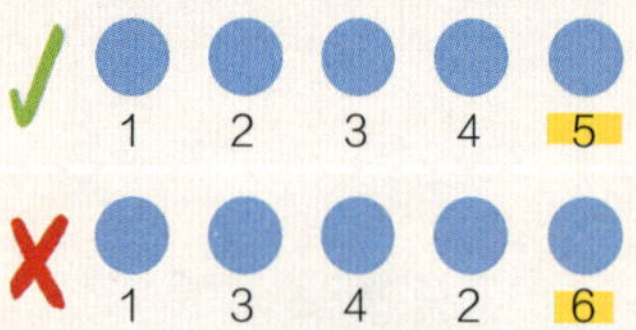

基数原则

数到最后一个数的值就代表这个集合所含元素的个数。

抽象原则

关于数数的原则可以用于任何事物，与事物的特征无关。

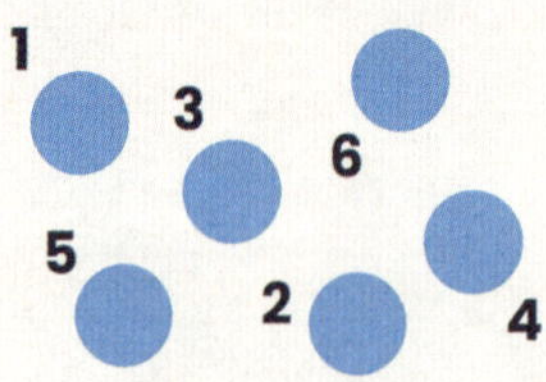

顺序无关原则

一个集合的数目，和从什么地方开始数数无关。

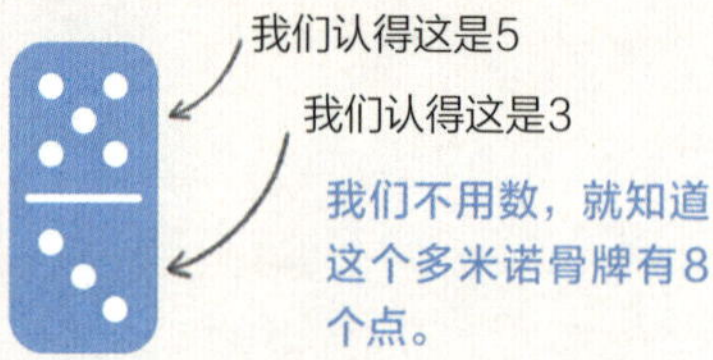

感数

不用有意识去数，就能感知视野中少量刺激的数目的能力。

数数的科学

数字是相当抽象的概念。孩子在学会准确数数的原则之前，可能会觉得难以理解。这些原则包括怎样数数（一一对应原则、固定顺序原则和基数原则）以及数什么（抽象原则和顺序无关原则）。

一一对应原则是一项基本原则。幼小的孩子常会“漏数”或“重复数”。固定顺序原则有助于减少英语的难点。在英语中，数字的名称未必有规律。例如，14（fourteen）、16（sixteen）、17（seventeen）、18（eighteen）和19（nineteen）都是由其个位数形式后添加后缀“-teen”构成的（由于eight本身有t字母，因此只加后缀“-een”）；然而，11（eleven）、12（twelve）、13（thirteen）和15（fifteen）并不遵循这样的“规则”。

研究发现，基数原则是很重要的，可以为其他数数技能奠定基础（这就是“顺数时后面的数比之前的大”原则）。有证据表明，多项因素与掌握基数原则相关。这些因素包括智商、孩子掌握了多少个数词，以及“前读写”（pre-literacy）能力。同样，抽象原则有助于孩子加深对数数的理解。有证据表明，学生觉得数实物比较简单，而数抽象的概念则要更难。

顺序无关原则教导学生的是，无论是从左往右数、从右往左数、从上往下数、从下往上数还是其他顺序，都不会改变物体的总数。但有证据表明，如果学生刚开始学习数数时，就应用这项原则，可能会造成认知超载，加重工作记忆的负担。因此，或许等到学生学会了自然而然地数数，再应用这个原则，会比较好。严格来说，“感数”并不是数数的原则。但这确实依赖其他原则相关的能力，因此，这也是评估学生数数熟练度的有用指标。

元认知问题：之前、期间和之后

改编自：杰德·鲍尔斯(Jade Powers) | 插图：@Inner_Drive | innerdrive.co.uk

1. 之前——了解

- 我理解这项任务要我做什么吗?
- 我完成过类似的任务吗?

是

- 我做类似的任务时，通常会犯下哪些错误?
- 从上一次做类似的任务，我可以汲取哪些经验教训?
- 做这项任务，最佳方法是什么?

否

- 做这项任务，我能运用哪些技能和知识?
- 有哪些资源可以帮助我取得成功?

2. 期间——调节

- 我现在遇到什么困难吗?

是

- 我为什么觉得这很困难?
- 我可以参考以前的例子吗?

否

- 我在哪些方面做得好?
- 我怎么知道自己做得好?
- 我的作品看起来成功吗?

3. 之后——反思

- 做这项任务时，我感觉充满了动力吗?
- 我对自己完成任务的情况满意吗?

是

- 是什么让我充满了动力?
- 我可以从这次的经验中学到什么，让下一次做得更好?

否

- 做这项任务时，我产生了哪些情绪?
- 下一次，我会改变哪些做法?

元认知问题可以帮助学生：

- 提高学习自主性
- 提高动机（有更强的动力）
- 更好地自我调节
- 发展自我意识
- 更好地独立学习

元认知问题：之前、期间和之后

英国教育捐赠基金会（Education Endowment Foundation）的工具包指出，为了帮助学生改善学习情况，“元认知”是成本效益最高的方法之一。自此之后，越来越多的学校开始努力提升学生的元认知技能。

元认知常被称为“思考自己是怎么思考的”。我们认为，可以拓展一下这个解释，包括学生能够觉察到自己知道什么、在想什么，并选择有用的思维过程。这通常可以分为三部分：从事一项任务之前、期间和之后。这种“之前、期间和之后”的方法类似于“计划—执行—评估”，后者常用于竞技体育界、商界和军队。

在这三个阶段，都可以鼓励学生对自己提出丰富的元认知问题。这是因为在每一个阶段，都有若干问题可以激活此前学习的内容，帮助学生思考哪些策略和流程是最有用、最有效的。这样做了以后，学生就更有可能更有效地完成任务。

与本书所述的大多数策略和干预措施一样，学生需要身体力行，才能培养这项技能。这更多的不是“什么”的问题，而是“如何”和“何时”的问题。如果学生知道这些问题可以如何提供帮助，自己何时应该提出这些问题，这些元认知问题就可以发挥更大的潜力和效果。

在做一项任务之前先提出问题，可以帮助学生与之前类似的任务做比较，从而让学生为学习做好准备。在做一项任务期间提出元认知问题，可以帮助学生监控自己的表现，避免脱离正轨。最后，在做完一项任务之后提出评价性问题，可以促使学生进行自我反思。这三个阶段加起来，可以帮助学生提高学习自主性。

重新思考马斯洛需求层次理论

插图：@Inner_Drive | innerdrive.co.uk

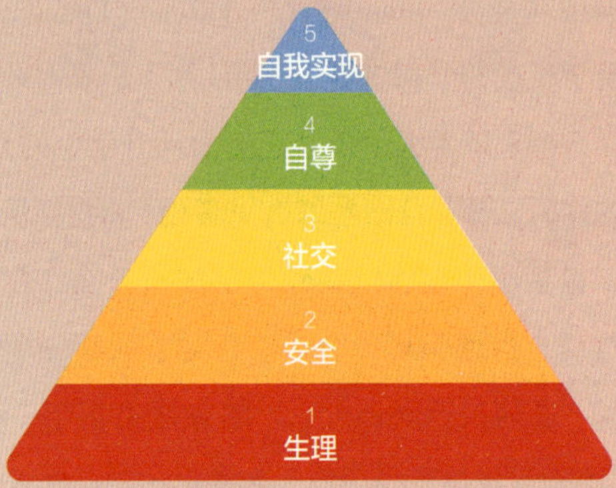

这是过时的版本。最新版的金字塔顶端是“自我超越”（Transcendence）。马斯洛自己表示，旧版本“太不严谨，容易遭人诟病”。

参考文献：*Maslow, 1943*

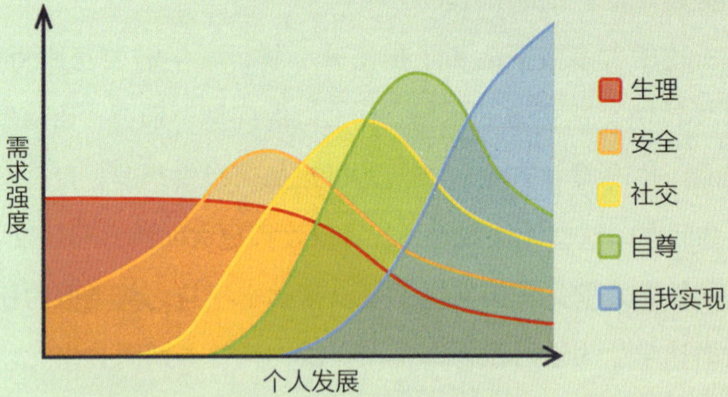

每个层次不是分开的，不是按顺序整齐排列的，而是相互重叠、相互关联的。

参考文献：未知

重新思考马斯洛需求层次理论

马斯洛需求层次理论大致上经受住了时间的考验。这是马斯洛在第二次世界大战期间首次发布的。该理论认为，人的动机由人的需求决定，而各种需求间有高低层次与顺序之分。本质上，人必须先满足生理和基本需求，才能满足“更高层次”的心理需求。

马斯洛需求层次理论比大多数教育金字塔更靠谱。最起码，一眼看过去是合理的，符合金字塔的预期规则：必须先“满足”下一层，才能进入上一层。

然而，马斯洛的理论也不是十全十美的。多位研究人员提出，每个层次不是分开的，不是完全按顺序排列的，而是相互重叠、有时还相互关联的。这意味着，这可能比大家通常看到的更加复杂。

马斯洛需求层次理论除了广为人知的最早版本之外，还有一个更详细的更新版。这是马斯洛逝世前不久发布的，里面包含更多层次。金字塔顶端不是“自我实现”，而是“自我超越”。据报道，马斯洛觉得旧版本“太不严谨，容易遭人诟病”，他“想要撰写和发表对‘自我实现’的批评，但不知何故，一直没有去做”。“自我超越”包括帮助他人发展潜力，而“自我实现”更注重实现自己的个人潜力。

整体来说，这个模型绝不完美，有其缺陷和弱点，和所有金字塔模型一样，过于“井井有条”，并不能完全反映现实世界。但这还是值得我们去了解（并以图片展示）的。这个模型可以为我们初步了解多个领域奠定坚实的基础，包括但不限于学生的内在动机、心理安全感和依恋。

思维偏差

大脑的奇特之处会对我们的思考和学习方式
产生重大影响。

思维偏差的类型

灵感源自：designhacks.co | 插图：@Inner_Drive | innerdrive.co.uk

对学习的错误看法

我们避免使用外部来源的工具，过度依赖熟悉的工具，忘记在网上找到的信息。

能力

我们重视天赋，高估自己的天赋，忘了自己是新手时是什么样的。

自己的想法

我们对支持自己原有观点的信息更加关注，为了证明过往决策的合理性而做出当前决策，过于看重自己的创造。

时间

我们过于看重第一印象和最后的印象，时常低估做某件事所需的时间。

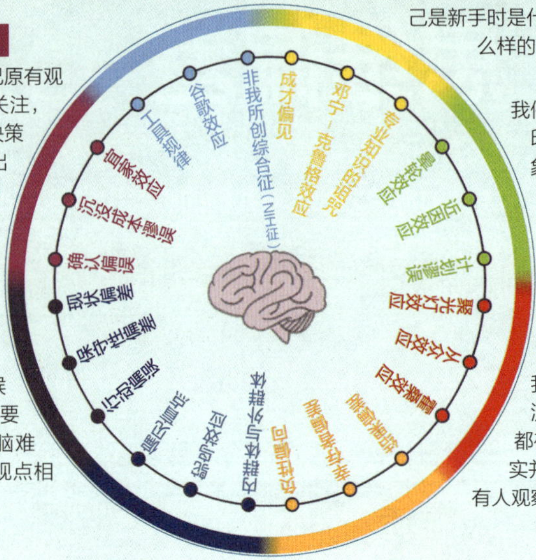

改变

我们行动的时候感觉更好，想要维持现状，大脑难以加工与原有观点相反的新证据。

其他人

我们往往会随大流，觉得每个人都在关注自己（其实并没有这回事），有人观察时会改变自己的行为。

新信息

我们更愿意听与自己相似的人的话，努力忽视坏消息，以为自己不存在思维偏差。

结果

我们会根据结果判断自己做出的决策；只看到了成功的故事，却忽略了失败的故事；对负面信息更敏感。

思维偏差的类型

我们自己（和学生）的思维过程未必是最清晰、最理性的。因此，思维偏差时常成为“沉默的杀手”，严重阻碍学习。迄今为止，研究人员发现了逾175种不同的思维偏差。这幅图里列出了24种教育里最常见的思维偏差。每一种思维偏差本身都会阻碍学生学习，而加起来的威力可能是毁灭性的。

这些思维偏差可以分为几大类：对我们能力的看法，对时间的知觉，其他人的影响，结果是什么，我们为何抗拒新信息，改变为何这么难，我们为何偏爱自己的想法，以及对学习的错误看法。但其共同点在于，都是偏重部分信息，而忽略了其他信息。由于我们会过分看重不相关或片面的信息，这可能会影响我们的判断。

这些思维偏差古怪（而又令人沮丧）的地方在于，每个人都有，但我们在别人身上比较容易发现，而往往对自己身上的毫无知觉。因此，我们难以克服自己的思维偏差。但想要最大限度地帮助学生，我们必须发现自己身上的思维偏差。如果这些思维偏差阻碍了理性和逻辑思考，我们就可能未经缜密思考，就制定不明智的干预措施，我们对干预措施的评估也会欠妥。这样一来，我们就难以创新，难以从研究中汲取有用的成果，难以进行循证教学。

大多数时候，我们甚至意识不到自己出现了思维偏差，但还是有可能减少其影响。首先，我们必须承认，每个人都存在思维偏差，智力/财富/种族/性别并不会让任何人对思维偏差免疫。其次，我们自己的“回声室”是思维偏差繁衍的温床。通过与（经验和背景）多元化的人沟通互动，我们可以逃离“回声室”，以开放的心态接纳不同的意见。

思维偏差是怎样让糟糕的想法蔓延开来的

插图：@Inner_Drive | innerdrive.co.uk

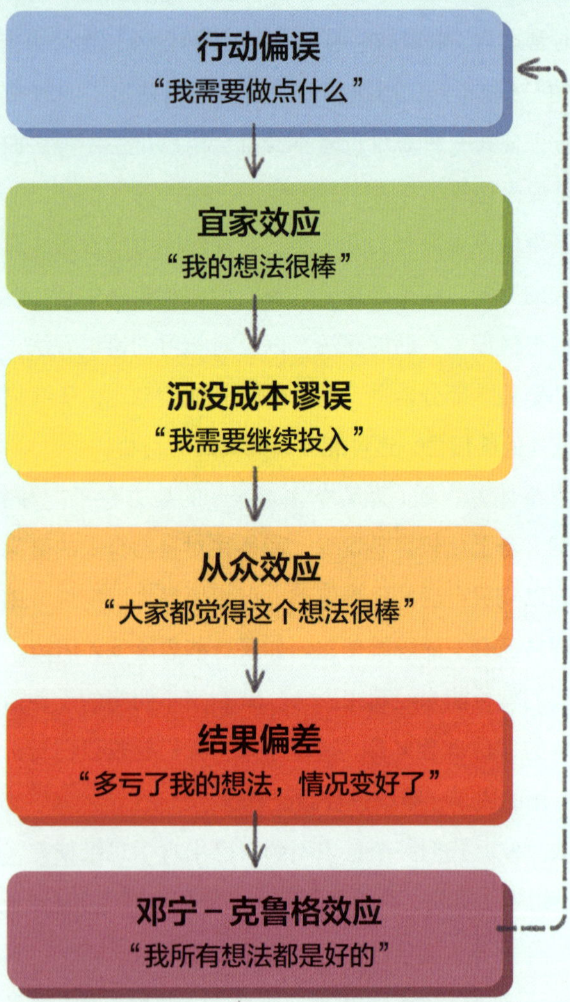

思维偏差是怎样让糟糕的想法蔓延开来的

在教学与学习领域，有很多干预措施用意良好，旨在提高学生的学业成绩，但最终适得其反。其中一些“神经迷思”顽固地流传至今，拒绝消失（因此，有些人称之为“僵尸迷思”）。

由于思维偏差有很多，我们可以描绘出一条潜在的路线，指出这些糟糕的想法可能是怎样滋长和蔓延的。一开始，相关人士往往是出于崇高的理想，想要采取行动，让情况变得更好。由于存在“行动偏误”，他们急切地想要做点什么，在别人眼中忙忙碌碌。由于人们往往会高估自己的创造（宜家效应），寻求证据支持自己的观点，这个雪球很快就越滚越大。

出于沉没成本谬误，有时候一种做法明明不是很好，我们却非要做下去。我们继续投入，随着时间的流逝，更多人可能会说这个想法还不错。于是，就产生了“从众效应”。也就是说，由于许多人说这个想法不错，局外人就理所当然地以为一定不错。

想要确定某项干预措施或策略是否直接导致了理想的结果，是出了名的困难。很多时候，我们混淆了相关性和因果关系。因此，我们很容易假定某个正面的结果是由于我们的干预措施所致（“结果偏差”）。在此情况下，也就难怪我们会高估自己的能力（邓宁–克鲁格效应）。这可能会引发恶性循环：我们以为自己可以“点石成金”，于是想要实施更多干预措施，又引发了开头所说的行动偏误。

很长一段时间以来，教育界充斥着潮流和噱头。“神经迷思”或许是火花，但正是每个人都有的思维偏差，让这些火花像野火一样蔓延开来。